Mamá Carlota

Mamá Carlota

El fin de la fugaz emperatriz de México

Adolfo Arrioja Vizcaíno

mr

Diseño e ilustración de portada: Alma Julieta Núñez Cruz /
Miguel Ángel Chávez Villalpando

© 2008, Adolfo Arrioja Vizcaíno

Derechos reservados

© 2008, Editorial Planeta Mexicana, S.A. de C.V.
Bajo el sello editorial MARTÍNEZ ROCA
Avenida Presidente Masarik núm. 111, 2o. piso
Colonia Chapultepec Morales
C.P. 11570 México, D.F.
www.editorialplaneta.com.mx

Primera edición: agosto de 2008
ISBN: 978-607-7-00011-2

Impreso en los talleres de Litográfica Ingramex, S.A. de C.V.
Centeno núm. 162, colonia Granjas Esmeralda, México, D.F.
Impreso y hecho en México – *Printed and made in Mexico*

A Mercedes Iturbe
(1944-2007)
In Memoriam

Las formas de la vida son muy violentas,
si la inteligencia no las domina nos destruyen.
Mercedes Iturbe
Carta póstuma a Vlady

Ah, si pudiéramos inventar para Carlota una locura inacabable
y magnífica, un delirio expresado en todos los tiempos verbales
del pasado y del futuro y de los tiempos improbables o imposi-
bles para darle, para crear por ella y para ella el Imperio que fue,
el Imperio que será, el Imperio que pudo haber sido, el Imperio
que es. Si pudiéramos hacer de la imaginación la loca de la casa,
la loca del castillo, la loca de Bouchout y dejarla que, loca des-
atada, loca y con alas recorra el mundo y la historia, la verdad
y la ternura, la eternidad y el sueño, el odio y la mentira, el
amor y la agonía, libre, sí, libre y omnipotente aunque al mismo
tiempo presa, mariposa aturdida y ciega, condenada, girando
siempre alrededor de una realidad inasible que la deslumbra y
que la abrasa y se le escapa, pobre imaginación, pobre Carlota,
todos los minutos de todos los días.
Fernando del Paso
Noticias del Imperio

Maximiliano quería cometer un verdadero crimen; a él le han
dado muerte los que él quería matar. Bueno: estoy encantado.
Su esposa, Carlota, está loca. Nada más justo; esto casi me basta
para creer en una Providencia. ¿La ambición de esta mujer
incitó al imbécil? Lamento que haya perdido la razón y que no
pueda comprender que su marido murió por ella y que tenemos
aquí a un pueblo que se venga. Si Maximiliano no fue más que
un instrumento, tanto más vil resulta su papel, sin que por eso
sea menos culpable. Lo veis, soy feroz y, lo que es peor, intrata-
ble; pero no pienso cambiar, eso no…
Georges Clemenceau
Carta a una amiga

EL IRIS QUE BRILLA EN LA TORMENTA
*Castillo de Chapultepec, ciudad
de México, junio de 1866*

Carlota Amalia emergió de la tina de mármol de Carrara traída de Venecia en recuerdo de sus días como virreina del Lombardo Véneto. El blanco grisáceo de la bañera contrastaba con el piso de mosaico ajedrezado que cubría al tezontle ancestral. Suavemente, se envolvió en la bata que le tendió su camarera mayor, la vienesa Matilde Doblinger. Aunque era un rito que no practicaba con demasiada frecuencia porque desde niña había sido alertada por su gobernanta Luisa de Montaclós, así como por la legión de ayas e institutrices que tuviera en la corte de su padre, el rey Leopoldo I de Bélgica, sobre el mito de que el baño diario estaba reservado para quienes padecieran alguna enfermedad, esta vez se sintió purificada, rebosante de belleza y de paz interior.

Cuando sintió su blanca piel completamente seca, admiró el brillo y palpó la firmeza de su esbelto y juvenil cuerpo, mientras pedía a Matilde que le cubriera, del cuello hasta el nacimiento de los senos, con un aromático perfume de sándalo. Luego dejó que la cascada negra de su pelo, entretejido con estambres de ricos tonos que simulaban un enjambre de flores, cayera sobre sus hombros de náyade, para vestirse con un camisón blanco de rebuscados encajes con pespuntes de Bruselas.

Entró en la enorme recámara de altos techos coronados por un candil de bronce y, con una peculiar sensación de abandono, se dejó caer en el lecho de dosel engalanado con el escudo del imperio: la corona de hierro de los Habsburgo sobre un águila mexicana bordada en hilos de oro. La recámara de Maximiliano, situada lo más lejos posible de la suya, ya que para llegar a ella se tenía que cruzar el gran salón comedor, estaba vacía esa noche de cantos de grillos y leve rumor de viento que venía del bosque que rodea al castillo. El emperador estaba otra vez en Cuernavaca, disfrutando de los placeres botánicos de la Quinta Borda, de su clima de ensueño y tal vez, si había de dar crédito a algunos rumores, de otras delicias con alguna de esas mexicanas de piel oscura, pies pequeños y risa zalamera que parecían idolatrarlo con ingenua veneración. ¡Qué más daba! Si a ella jamás la visitaba en su lecho, hasta esa noche yermo y estéril.

Por entre los cortinajes se desvanecía la visión del valle intensamente verde, de espejos de plata y volcanes nevados que ese poetucho romántico, oportunista, antipático y Zorrilla de nombre que Maximiliano, en uno de sus torpes, además de habituales, arranques de indulgencia, había incorporado a la corte, primero como "lector de Su Majestad" para después nombrarlo director del Teatro Imperial, describiera diciendo que "de Chapultepec se ve la tierra desde un balcón del paraíso".

Carlota se acomodó en el lecho y con un leve movimiento de su mano despidió a la Doblinger, que salió sigilosamente. Carlota cerró sus ojos café oscuro (que con la luz del día se tornaban verde claro) y se dispuso a vivir una noche de oro y seda entregada al amor que conduce al olvido de la razón.

El gallardo pero no muy inteligente militar enviado a México por el rey Leopoldo como comandante en jefe de la guardia de la emperatriz, atravesó la antesala, le hizo una ligera inclinación de cabeza a María Manuela Gutiérrez del Barrio, dama de compañía por excelencia, y sin anunciarse abrió las pesadas puertas de caoba.

Unos meses después, la misma señora Del Barrio me contaría que a partir de esa noche de vapores prematuramente estivales y cantos de grillos, el rostro de la emperatriz, en plena juventud, fue cambiando de fresco a demacrado, avejentado antes de tiempo, como reflejando la grave tristeza del fervor ausente y de las convicciones perdidas, precisamente en ese rostro que la voz de un poeta del pueblo, Sebastián Segura, apenas dos años atrás, cantara como "el iris que brilla en la tormenta".

Una cuestión de banderas
México-París, julio-agosto de 1866

REGRESE CON DIOS, CARLOTITA

Como espectáculo, el imperio era un mundo en sí mismo, particularmente cuando se cruzaban las fronteras invisibles del Palacio Imperial y del castillo de Chapultepec, que en cuestión de segundos lo transportaban a uno de la severa y sólida capital heredada del virreinato español al universo fantástico de una corte de opereta que hubiera sido diseñada por el director de escenografía de la Wiener Staatsoper.

Desde la apoteósica llegada de los emperadores, apenas dos años atrás, la fiesta no había parado. Saraos en el castillo de Chapultepec (el Miramar mexicano al que el romántico de Maximiliano, ingenuo y subrepticiamente perverso como todos los de su clase, había querido bautizar como "Miravalle" por la vista magnífica, casi cristalina, que desde sus terrazas se tenía del valle de México y de los volcanes casi siempre nevados); recepciones diplomáticas en el Palacio Imperial, paseos en lancha entre los jardines flotantes de Xochimilco, tardeadas y lunadas en las huertas y jardines de San Ángel, excursiones a Cuernavaca, la ciudad del valle templado y florido, que hicieron del lujuriante jardín Borda (antigua residencia de don José de la Borda, uno de los plateros más exitosos de la edad de hierro de la colonia española) el novísimo "Pabellón Imperial": un Mayerling pero con el fulgor tropical del México entonces eternamente primaveral.

17

Por encima de todo, estaban los *Te Deum* en la Catedral Metropolitana de gigantescas columnas y coro de madera finamente trabajada, fruto también de nuestro pasado colonial, en los que el claroscuro resultaba fascinante. La profundidad creada por las bóvedas chocaba, en los días de función, con el brillo de los cirios que hacían resplandecer el dorado de retablos, estofados, la sillería del coro, los hilos de oro y plata de casullas y las estolas que daban marco a las voces del coro que, durante los hosannas, parecían descender del cielo.

En este día de solemne función catedralicia, se festejaba el onomástico del emperador Maximiliano. Nuestra emperatriz, María Carlota Amalia Victoria Clementina Leopoldina, hija de Leopoldo, príncipe de Sajonia-Coburgo-Gotha y rey de Bélgica; y de Luisa María de Orleans, hija del rey Luis Felipe de Francia, lucía como la soberana que todos quisiéramos recordar: largo vestido de seda color marfil con vueltas y tafetanes de delicados brocados al frente, capa de armiño con bordados en hilo de oro que representaban al águila bicéfala del Imperio austrohúngaro parada sobre el nopal mexicano, abanico de marfil y seda pintada a mano, el blanco cuello desnudo, el pelo negro que hacía un intenso contraste con los ojos verde claro y la testa coronada con la diadema imperial compuesta de infinidad de diamantes de diferente talla. Eso sin contar los inigualables rubíes de Birmania que refulgían al compás de la luz de los cirios y que, según la leyenda ancestral de esa tierra, la protegerían de noventa y seis enfermedades así como de las asechanzas del demonio.

Su delicada y bien proporcionada figura se alzaba frente al trono de terciopelo grana con remates de estuco dorado que había sido colocado al pie del suntuoso altar de los reyes, en cuyas catacumbas reposaban al parejo los restos de virreyes y libertadores, estos últimos, en su momento, declarados herejes por el tribunal de la Santa Inquisición, aunque después absueltos por la historia patria y perdonados por la omnipresente Iglesia.

Carlota parecía seguir con atención la misa que oficiaba el arzobispo de México, monseñor Pelagio de Labastida y Dávalos, con su untuosidad habitual. Nada en su tranquila expresión parecía delatar los rigores a los que pronto se sometería al viajar a Europa para tratar de rescatar los restos del desfalleciente Imperio mexicano.

Yo, Joaquín Velázquez de León, viceministro de Asuntos Exteriores de ese desfalleciente imperio a los treinta y seis años de edad, por virtud de sumar a mis conocimientos jurídicos el dominio del francés, que en opinión del emperador me hacía parecer "fino, educado y culto", no podía permanecer en paz, a un costado del altar, con las barbas y las fosas nasales impregnadas por el aroma del incienso que luchaba por disimular el olor nauseabundo que emanaba de esa concentración de pueblo y aristocracia, concepto sólo aplicable a Carlota, porque la aristocracia mexicana de esos tiempos se reducía a los pocos que presumían la "limpieza" de no poseer una sola gota de sangre indígena.

Me encontraba ahí porque el protocolo minuciosamente redactado por el emperador durante el largo viaje de Miramar a Veracruz así lo exigía, pero las razones de Estado empezaban a abrumarme. Esa mañana, en la reunión del Consejo Imperial, los ministros Teodosio Lares e Ignacio Castillo, "con todo su pelo y con toda su lana" (parafraseando al "Abuelo de la Patria", Fray Servando Teresa de Mier), le habían informado al emperador que el cuerpo de cuatro mil voluntarios austriacos que le había prometido su hermano Francisco José, jamás iba a llegar a México, porque el secretario de Estado del gobierno de los Estados Unidos, William H. Seward, había hecho del dominio público las instrucciones giradas a su embajador en Viena, un tal Mr. Motley: que si dicho cuerpo partía para México, de inmediato pidiera sus pasaportes y le informara al canciller imperial que a partir de ese preciso instante, los Estados Unidos se considerarían en estado de guerra con Austria.

Esto venía a sumarse a la probable partida del cuerpo expedicionario francés, acelerada por el millón de hombres en armas que el canciller Bismarck ("un demonio con cañones Krupp" según lo definió mi viejo maestro de Derecho Tributario y Hacienda Pública, y ahora presidente del Consejo Imperial, don Teodosio Lares) estaba concentrando en la frontera de Prusia con Francia.

Sin el ejército francés estábamos perdidos. Estados Unidos apoyaba a Juárez y a los liberales sin disimulo alguno. Pero eso no era lo peor. La mayoría de la población simpatizaba, de tiempo atrás, con los mismos liberales, harta de los abusos y exacciones de los curas, así como de sus monaguillos de levita y uniforme. Ningún país podía tolerar por mucho tiempo que las dos terceras partes de sus tierras productivas estuvieran en manos de la Iglesia, por santa que esta se dijera, ni tampoco que otra nación lo invadiera y, sin otro argumento que el de la fuerza de las armas, pretendiera imponerle un sistema político de corte absolutista y eminentemente reaccionario, con desprecio de su casi formada tradición republicana, federalista y liberal. Todo ello solamente por el capricho colonizador de un déspota lejano, Napoleón III, cuya mente ligera y muy dada a falsos delirios de grandeza, no había sido capaz de calibrar la reacción de los yanquis, que consideraron la existencia del Imperio mexicano como una declaración de guerra de Francia a todo el continente americano.

Por si algo faltara, los ricos e influyentes seguidores del partido conservador que soñaron que el imperio restauraría la teocracia de los fueros y dogmas que había pregonado su patriarca Lucas Alamán, le habían dado la espalda a Maximiliano en cuanto se percataron de sus "inclinaciones liberales", que le iban tan bien a su más que evidente talante aristocrático y de marcadas herencias absolutistas, como ese mentón que su barba dividida en dos rizados pedazos tapaba para ocultar los estragos de una presunta sífilis de origen brasileño, según rezaban algunos discretos pero insistentes rumores circulados en la corte de Chapultepec por el abate Alleau, secretario del nuncio apostólico monseñor Meglia, que en venganza por el pretendido "liberalismo" del emperador, se la pasaba haciendo veladas referencias al enigmático "mal de bubas", como le llaman los españoles.

Al escuchar las noticias, Maximiliano se acarició largamente la barba, objeto de esos rumores, antes de ponerse en pie para ajustarse la elegante levita azul y, sin emitir comentario, dirigirse a su ocupación favorita: cazar mariposas en el bosque de Chapultepec en compañía del doctor Samuel Basch, médico de la corte.

Tras inclinar la cabeza a la salida del emperador, don Teodosio Lares me tomó del brazo y me dijo casi al oído:

"Joaquín, la misión en la que acompañará a la emperatriz a Europa resulta vital. Es indispensable convencer al emperador Napoleón III de que no puede retirar sus tropas sin ocasionar la caída del Imperio mexicano que él mismo ayudó a fundar. Si es necesario, renegocie los términos y condiciones de la Convención de Miramar hasta donde sea posible, y no pare en mientes en lo tocante a demostrarle la perfidia del mariscal Bazaine".

¡Ah, Bazaine! Viejo cochino. Con un comandante así el ejército francés no llegaría muy lejos. Lo más notable que había hecho desde que llegó a México había sido casarse con Pepita Peña (hija de uno de los tantos y efímeros presidentes conservadores que el país tuvo entre dictadura y dictadura del general Antonio López de Santa Anna), núbil doncella de diecisiete años a la que él, con más de cincuenta , tuvo el descaro de llevar al lecho conyugal, pasando primero por la Iglesia, pero sin aclarar del todo lo que había hecho con la esposa que las atinadas lenguas viperinas le atribuían haber dejado en Francia, Soledad Bazaine, de la que unos decían que se había suicidado por el abandono del mariscal, aunque los más afirmaban que simplemente se había fugado con un veterano actor de la ópera cómica de París.

En un gesto de egolatría colonizadora, Bazaine le arrancó a Maximiliano como regalo de bodas nada menos que el palacio de Buena Vista, uno de los más bellos y suntuosos de la ciudad capital (obra neoclásica del afamado "Fidias valenciano", Manuel Tolsá, el más notable escultor y arquitecto del México virreinal), así como el respectivo mobiliario tomado de los palacios y museos que se encontraban bajo la administración del Estado.

A partir de ese día, el más notable de sus "hechos de armas" consistió en levantarse todas las mañanas para mostrarle a su guardia de corps tres o cuatro dedos de la mano derecha (al parecer la cuota variaba día con día) para indicar el número de veces que se había despachado a la Peña la noche anterior.

En cuanto a las operaciones militares en sí, en un principio Bazaine logró controlar la mayor parte del país hasta obligar al presidente Juárez a refugiarse en el lejano villorrio de Paso del Norte, de espaldas a la frontera con Texas, en unión de su republicano gabinete que por ese entonces mereció el mote de "la familia enferma". Pero la presión política y militar ejercida por el gobierno estadounidense, combinada con los continuos actos de desgobierno de Maximiliano, pronto invirtieron la ecuación. Paso a paso, los liberales recuperaron las plazas perdidas e iniciaron la lenta pero inexorable marcha a la capital del país.

Bazaine, que trató de repelerlos a sangre y fuego, le arrancó, esta vez a Carlota (pues Max se encontraba en Cuernavaca cazando algo más que mariposas: a la *belle jardinière* Concepción Sedano, esposa o hija del encargado de los jardines del "Pabellón Imperial" de la Quinta Borda, lo que de algún modo parecía desmentir los rumores esparcidos por la nunciatura apostólica sobre la sífilis brasileña) un decreto absoluto que le permitió fusilar a discreción a cualquier individuo que juzgara "enemigo del imperio". El odio nacional que esta medida provocó no tuvo límites.

Sin embargo, para julio de 1866, con todo y los fusilamientos a discreción, Bazaine se vio obligado a replegarse a la ciudad de México, dejando libre únicamente el camino al puerto de Veracruz para facilitar lo que ya se vislumbraba como el retiro definitivo de sus tropas. La noche se cernía sobre los escasos partidarios mexicanos del imperio.

¿Por qué estas amargas reflexiones de corte liberal en un conservador de pura cepa, miembro del Consejo Imperial y alguna vez partidario entusiasta de sus altezas Maximiliano y Carlota? Tan sólo puedo responder que escribo estas agitadas memorias en 1907, a cuarenta años de distancia, y que con el tiempo me ha poseído un fenómeno inverso al que, según tengo entendido, les ocurre a un buen número de jacobinos, que hacia el final de sus vidas suelen tornarse conservadores y hasta en rezanderos. Como las prostitutas parisinas, que se retiran de la vida airada, se van a vivir a las provincias, se casan con un burgomaestre y se vuelven de misa y comunión diarias. En mi caso, he creído advertir la tardía luz del liberalismo en lo que quizá sea un particular camino a Damasco. De ahí que considere moralmente válido tratar de cerrar esta paradójica etapa que me tocó en suerte vivir con un análisis crítico de lo que presencié.

Se acaba el tiempo para las reflexiones retrospectivas. El *Te Deum* ha terminado con los cánticos del *Domine Salvum fac Imperatorem*. Carlota, aún respirando por la herida de sus agrios pleitos con el nuncio apostólico, monseñor Meglia, le dio la mano al arzobispo sin inclinarse a besarle el anillo pastoral como lo ordena el protocolo eclesiástico. El desdén molestó al alto prelado que enrojeció visiblemente, sabedor además de lo que decía un informe confidencial que circulaba por los vericuetos del Consejo Imperial, calificándolo de "fanático exaltado". La emperatriz, como señal de despedida, se dejó abrazar y besar por las principales damas mexicanas de la corte (encabezadas por las señoras Garmendia y Sánchez Navarro) que ante lo inusitado del gesto reaccionaron al más puro estilo de la "aristocracia" autóctona. A coro le dijeron: "Buen viaje, cuídese mucho y regrese con Dios, 'Carlotita'".

La que lleva los calzones del imperio

A las seis de la mañana del 9 de julio emprendimos el viaje a Puebla, la segunda ciudad en importancia del país que, entre otras cosas, servía de escala entre la capital y el vital puerto de Veracruz, escoltados por dos compañías de lanceros al mando del teniente coronel belga Van der Smissen, comandante de la guardia de la emperatriz enviado ex profeso por su padre el rey Leopoldo. El apuesto militar, que en todo el viaje no perdió de vista a Su Alteza Imperial, debía ser de toda su confianza, pues al ayudarla a bajar del carruaje le oprimía subrepticiamente los senos y la tomaba del talle.

La comitiva, a petición expresa de Carlota, era más bien reducida: solo incluía a los condes Carlos Alberto de Bombelles y Juan Suárez Peredo, conde del Valle de Orizaba, quienes respectivamente se desempeñaban como los chambelanes austriaco y mexicano de la emperatriz; a la dama de la corte, señora Del Barrio y esposa del marqués del Apartado; a la camarera mayor Matilde Doblinger y al que esto escribe, Joaquín Velázquez de León, quien ostensiblemente viajaba como representante del gobierno imperial, aunque para toda clase de efectos prácticos acabé fungiendo como secretario de la emperatriz.

El camino a Puebla en esa época del año resulta particularmente placentero (en especial si se viaja en el cómodo carruaje imperial), pues los densos bosques que

24

hay que atravesar representan un respiro del calor estival que en el mes de julio, acompañado de copiosas lluvias, suele azotar al valle de Anáhuac. Al llegar a un paraje conocido como Paso de Cortés, los ojos se deleitan con la visión mágica de nuestros dos volcanes, el Popocatépetl y el Iztaccíhuatl, cuyo mito nos hacer ver a un guerrero hincado ante una bella mujer dormida, ambos bajo el manto protector de la nieve que permanentemente corona sus cumbres y que ilumina, con sutil transparencia, el valle mágico de nuestros mayores.

Gracias a las dos compañías de lanceros cruzamos sin novedad por la venta de Río Frío, sede de unos legendarios bandidos que para esas alturas del imperio ya habían dado buena cuenta de no pocos enviados y agentes llegados de Europa, incluyendo al barón D'Huart, embajador extraordinario del reino de Bélgica, que viajó para informarle a la emperatriz Carlota del fallecimiento de su padre, el rey Leopoldo I, y de la asunción al trono de su hermano, Leopoldo II. Para consternación y asombro de nuestra amada soberana, de regreso hacia Veracruz el infortunado barón fue asaltado y asesinado por ese azote popularmente conocido como "los bandidos de Río Frío".

En Puebla nos hospedamos en la amplia y cómoda casona del prefecto de la ciudad, el señor Esteva. Serían como las dos de la mañana cuando el conde del Valle de Orizaba, vestido con una extraña bata de seda que habría sido más apropiada para una bailarina húngara que para el atildado chambelán de la emperatriz de México, me despertó del plácido y reparador sueño al que me encontraba entregado, para informarme que Carlota reclamaba mi presencia en el recorrido que quería hacer de la casa, pues acababa de recordar que ahí les habían brindado una gran fiesta cuando, con Max al frente, se dirigieron de Veracruz a México para tomar posesión del imperio. No tuve más remedio que someterme a este extraño capricho.

A lo largo de una hora recorrimos salones pobremente iluminados, tropezándonos con los incontables muebles que presenciaron nuestro paso en calidad de convidados de madera y terciopelo. Carlota lucía agitada y nerviosa aunque parecía recordar con gran claridad los detalles de su anterior visita: el comedor de vistosa marquetería capaz de acomodar hasta noventa personas sentadas, los recubrimientos de mosaicos al estilo de la española "talavera de la reina", las vajillas de intrincados y finos diseños, así como la riqueza y sobriedad de la biblioteca palafoxiana, obra de aquel célebre obispo colonial, Juan de Palafox y Mendoza, sin olvidar la señorial catedral cuyo imponente coro Carlota atesoraba con especial detalle.

No obstante, el intempestivo recorrido tuvo un aire de irrealidad que no presagiaba nada bueno. A pesar de que todo lo que dijo la emperatriz tenía perfecto sentido, la forma, y sobre todo, las circunstancias en que lo dijo, resultaron patéticamente absurdas. A nadie en sus cabales se le ocurre levantarse de madrugada para recorrer una casa oscura solamente con el objeto de hacer remembranzas sobre una visita reciente, cuyo rasgo más distintivo fue un banquete servido en una enorme mesa de elegante, pero esencialmente prosaica, marquetería.

Al tratar de conciliar el sueño como a las tres y media de la mañana de ese fatídico día que era el preludio de otros todavía más funestos, un reciente y singular suceso me vino a la mente. Maximiliano decidió acompañar a su consorte imperial hasta el pequeño poblado de Ayotla, situado a unas cuarenta leguas de la capital y muy conocido por la dulzura de sus naranjas. (Extraño presagio sin duda alguna, ya que días después las naranjas jugarían un papel decisivo en el desplome del Imperio mexicano). Cuando el emperador abrazó y besó con desgana a Carla, como solía llamarla, bajo la sombra de los propios naranjos (por una razón que tiempo después averigüé, Max siempre besaba y abrazaba a Carlota guardando cierta distancia), le susurró que en caso de que ella no convenciera a Napoleón III de retener a sus tropas en México, él consideraría seriamente el abdicar.

Carlota no contestó nada, pero en cuanto abordamos el carruaje se puso a dictarme una frenética carta que en términos grandilocuentes le ordenaba no abdicar bajo ninguna circunstancia.

Desgranó sus argumentos con especial ferocidad histórica. Le habló de Carlos X de Francia y de su propio abuelo Luis Felipe de Orleans, que se hundieron en la frustración hasta el final de sus tristes vidas porque tuvieron la cobardía de abdicar, nada menos que ante los embates de "plebeyas" fuerzas republicanas en cuya mediocridad quedó atrapada por muchos años la grandeza histórica de Francia. "Abdicar es condenarse y extenderse a sí mismo un certificado de incapacidad". Le recordó que en las derrotas ningún rey debe permitir que lo tomen prisionero y concluyó con una nota histérica: "Mientras haya en México un emperador habrá un imperio, aunque solo le pertenezcan seis pies de tierra".

¡Habrase visto semejante tontería! Un imperio con seis pies de tierra para lo único que serviría sería para enterrar el alargado cuerpo de Maximiliano de Habsburgo.

Al fin, dormí pensando en algo que había dicho la señora Del Barrio: "Ya vio, licenciado, que quien lleva los calzones en nuestra corte de Chapultepec es doña Carlotita".

Paso del Macho

El viaje de Puebla a Veracruz resultó demasiado largo e incómodo debido al pésimo estado de los caminos azotados por las lluvias veraniegas. De por sí todos los caminos de México son pésimos, pero en tiempo de aguas resultan intolerables. El trayecto se puso peor cuando bajamos de las alturas de la Sierra Madre a las tierras bajas que conducen a Veracruz, pues a la fatiga y al polvo del camino se sumaron los piquetes de los moscos que, cual bandadas de Satanás, en un santiamén nos llenaron el cuerpo de ronchas. La señora Del Barrio nos ayudó con un remedio casero, consistente en abrir las ronchas en cruz con la ayuda de nuestras polvosas y mugrientas uñas, para después vaciar en los pequeños orificios el jugo de medio limón. Ardía pero aliviaba. Si no hubiera estado tan cansado y molesto, me habría divertido viendo a los pomadosos chambelanes, Bombelles y Del Valle de Orizaba, aplicarse el remedio con modales que querían parecer discretos y de buen gusto, pero que acabaron por dejarles las lujosas casacas todas manchadas de sangre y jugo de limón.

Cuando llegamos a un lugar conocido como Paso del Macho, que está a cuarenta leguas de Veracruz, el lodo y los hoyos fracturaron sin remedio el eje de la carroza imperial. Mientras los cocheros y un trío de lanceros se esforzaban inútilmente en tratar de cuadrar las

28

ruedas, un grupo de guerrilleros juaristas nos regaló una lejana serenata que tuvo como *pièce de résistance* la nueva canción de moda, atribuida a un distinguido general republicano que compuso las siguientes coplas que difícilmente olvidaré:

Adiós mamá Carlota
Adiós mi tierno amor
Se marchan los franceses
Se va el emperador
Alegre el marinero
con voz pausada canta
y el ancla ya levanta
con extraño rumor.
La nave va en los mares
botando cual pelota:
¡Adiós mamá Carlota,
adiós mi tierno amor!

En esos momentos de fastidio la tonada nos pareció vulgar y de pésimo gusto. Daba por sentada la partida de los franceses y de nuestro emperador, llamaba "mamá" y "mi tierno amor" a nuestra respetada emperatriz, además de presagiarnos una travesía poco acogedora por el inmenso e impredecible océano Atlántico. Pero con los años y desengaños he sabido apreciar el agudo ingenio del compositor que pareció tener un mejor entendimiento de los hechos que quienes nos sentamos por más de dos años en las augustas sesiones del Consejo Imperial, ya que prácticamente toda la letra de esa canción se cumpliría de manera ominosa durante los próximos meses.

Pero ese día las coplas del general nos cayeron como el purgante llamado de los "cuatro ladrones", porque en una noche roba, por lo menos cuatro veces, la estabilidad estomacal. Carlota no quiso permanecer ni un minuto más en Paso del Macho. Cuando se le informó que la única alternativa de transporte era una negra, polvorienta e incómoda "carroza de la República", montó en cólera, puesto que de inmediato se acordó del funesto presagio que para ella y Max representó el haber tenido que completar el viaje de Veracruz a la ciudad de México en un carruaje similar. Altiva, ordenó que el trayecto se completara con todos (la señora Del Barrio, su camarera y los chambelanes incluidos) montados a caballo. Para mí eso no representó el menor problema. Heredé de mi padre, Antonio Velázquez de León, una rica hacienda lechera en Coapa a las afueras de la capital, y antes de dedicarme a las leyes hice incontables recorridos a caballo por los vastos campos y pastizales. Pero los arriba mencionados, con el respeto debido a la señora Del Barrio y a la camarera Doblinger, llegaron a Veracruz con las nalgas peladas.

Veracruz es una experiencia más bien desagradable. El puerto es árido, de clima inestable y propenso a epidemias de la temible fiebre amarilla o "vómito prieto", por las asquerosas evacuaciones que provoca; además, vive rodeado de bandadas de zopilotes que aun cuando contribuyen a limpiar los desperdicios que los veracruzanos suelen acumular por toneladas, también contribuyen a darle al lugar un aspecto definitivamente siniestro.

Sin embargo, Veracruz nos ofrecía la oportunidad de descansar y de reponernos un poco de nuestras fatigas. Después de todo, había cuerpos que lavar y glúteos que remendar. Pero Carlota, que para esas alturas del viaje ya era una plasta ambulante de sudor y mugre, no quiso hacer ni la menor de las pausas, y portando el mismo traje negro de viaje que en varios días no se había quitado ni para dormir, ordenó el embarque inmediato.

De jaquecas y colchones

El muelle sirvió de escenario para una fenomenal rabieta de nuestra emperatriz. Al advertir que en el mástil del vapor-correo que nos conduciría a nuestro destino, el *Impératrice Eugénie*, ondeaba la bandera francesa, prorrumpió en una sucesión de gritos, llantos e incoherencias. Dos cosas, por lo menos, quedaron en claro: que Carlota no estaba dispuesta a embarcarse en un navío que no llevara la bandera mexicana, y que tenía serias reservas en cuanto a trasladar su imperial persona en un buque bautizado en honor a esa "frígida e impostora andaluza" que ocupaba accidental e ilegítimamente el trono de Francia, cuyos derechos dinásticos exclusivamente pertenecían a los príncipes de Sajonia-Coburgo-Gotha y Orleans.

Aquí se impone una breve aclaración. Carlota es hija de la princesa Luisa María de Orleans, hija a su vez del duque de Orleans, que años atrás, en una reivindicación legitimista, ocupara el trono de Francia como Luis Felipe, hasta ser derrocado por la Segunda República de cuyas filas emergió el ahora emperador Napoleón III, augusto marido de doña Eugenia. Carlota no había olvidado ni olvidaría jamás que, de niña, su abuelo el rey Luis Felipe de Francia solía llevarla a comer castañas asadas en los jardines del palacio de Las Tullerías, y que ahora esos jardines eran ocupados por un par de advenedizos

31

sin gota de auténtica sangre real. De ahí la causa de fondo de la fenomenal rabieta.

Alertado por el escándalo, el almirante Clové, comandante de la escuadra francesa que protegía el puerto, ordenó al capitán del *Impératrice* que arriara la enseña francesa e izara en su lugar la mexicana, no sin antes soportar con estoico fastidio una larga tirada de doña Carlota. Aún puedo ver la enorme bandera francesa descendiendo majestuosamente del mástil, y el diminuto pabellón imperial mexicano con flequitos de oro y una especie de águila imperial medio sobrepuesta a nuestra tradicional águila azteca, ascendiendo a toda velocidad hasta casi perderse en la punta del cielo.

La navegación y el aire fresco nos vinieron bien después del polvo, del lodo, los moscos y las miasmas que acompañaron nuestro trayecto por tierra. Hasta las nalgas de Bombelles, de Del Valle y Del Barrio fueron reparadas con un ungüento milagroso que les aplicó el físico de a bordo; aunque después del acto, doña María Manuela del Barrio no podía mirar al curandero sin enrojecer hasta la raíz de su negro pelo, en atención a que su modestia natural no podía reconciliarse con el hecho de que un desconocido no solamente hubiera visto sus piernas desnudas y arqueadas y sus glúteos despellejados, sino también sus enaguas sin lavar.

Fue doña María quien, al segundo día de travesía, nos contó que "doña Carlotita" era presa de unas jaquecas terribles, ocasionadas por el incesante ruido de los motores que no le permitían dictar las innumerables cartas que enviaba a todo aquel, o aquella, que se ponía a su alcance, ni mucho menos conciliar el sueño. Enterado del problema, el solícito capitán mandó clavar en pisos y paredes del camarote imperial todos los colchones que tenía en las bodegas, en un vano intento por calmar los furiosos nervios de la emperatriz de México. Carlota no salió del camarote hasta que arribamos al puerto de Saint Nazaire. Después supimos que se pasó horas aventándose de un colchón a otro, como si fuera una niña que tuviera que entretenerse jugando en la recámara de su casa. Como lo adivinó el corrido, "Mamá Carlota" botó cual pelota.

Como en esta narración poco he hablado de mi vida personal, aprovecharé el espacio que brindan las horas muertas de la monótona navegación en alta mar, cuando no hay huracán a la vista, para hacer algunas remembranzas.

Provengo de una familia que presumía de algunos blasones. No solamente mi padre había sido el próspero hacendado de Coapa sino que el abuelo, Miguel Ángel Velázquez de León, doctor en Derecho por la Real y Pontificia Universidad de México, se desempeñó primero como secretario del Virreinato y después como regente del imperio de Agustín de Iturbide, el caudillo que transitoriamente aglutinó las voluntades de todos los mexicanos para consumar la independencia de España. Además, el abuelo Miguel Ángel, merced a un extraño enredo amoroso de la bisabuela que la familia procuraba guardar en la más absoluta de las reservas, heredó el título de Caballero de Croix, que conlleva grandeza de España, pues le fue conferido a un antepasado de origen flamenco (cuando esas tierras eran provincia española) que llegó a ser, en su tiempo, capitán general de las inmensas provincias del occidente de la Nueva España y virrey del Perú.

Con semejante bagaje, pude graduarme en la Facultad de Jurisprudencia de nuestra universidad para ingresar como jefe del departamento legislativo del Ministerio de Hacienda durante el último gobierno del general Antonio López de Santa Anna de la mano de mi maestro, don Teodosio Lares, conservador, rígido, medio timorato pero excelente jurista. Sí, el mismo Santa Anna que le vendió a los gringos el equivalente a una sexta parte del continente europeo para proclamarse después "Alteza Serenísima". Cargo que volví a ocupar en el vacilante e incoloro gobierno (nunca se supo si era conservador o liberal o todo lo contrario) del transitorio don Ignacio Comonfort, del que solo diré que, de rodillas, su parentela debe darle gracias a todos los santos del cielo porque Dios no lo hizo mujer, ya que de haber sido así, se habría pasado la vida en permanente estado de embarazo a causa de ese afán que tenía de darle gusto a todo el mundo por no saber pronunciar un simple "no". Por supuesto, Comonfort llegó todo lo lejos que suelen llegar los que no saben a dónde van y acabó por desatar la sangrienta guerra de Reforma, nuestra "guerra de las investiduras", que después de tres años de enconados combates culminó con el triunfo del partido liberal.

Yo pasé los años de la guerra civil consolándome de mi viudez en la hacienda de Coapa. Aunque no me es grato recordarlo ahora, el hilo de esta historia me lleva hasta mis veinticuatro años, fecha en que contraje matrimonio con la señorita Constancia del Moral, impoluta doncella emanada de una distinguida y devota familia capitalina. De Constancia guardo una memoria más bien etérea y con aroma a dulce sumisión cristiana, ya que falleció al poco tiempo de nuestra unión, de los males y dolores de un parto prematuro que también arrebató la vida al escasamente formado fruto del cumplimiento de nuestro débito conyugal.

El consuelo me llegó al seguir el consejo nada menos que de Benjamín Franklin: "En todos vuestros amores, debéis preferir a las mujeres mayores antes que las jóvenes, porque poseen más conocimiento del mundo". Gracias a ello me enredé en una sucesión de aventuras galantes con distinguidas y algo maduras damas de nuestra sociedad, todas ellas conocidas de mi actual compañera de viaje, la señora Del Barrio, aunque de mejores palmitos y piernas menos zambas. El problema consistió en que por la diferencia de edades todas ellas estaban casadas, por lo que varias veces estuve a punto de verme envuelto en un molesto duelo a pistoletazos al despuntar el alba en el bosque de Chapultepec.

De esa vida de mal disimulado libertinaje me salvó, a fines de 1864, cuando frisaba la más o menos respetable edad de treinta y cinco años, el entonces flamante presidente del Consejo Imperial, mi inefable maestro don Teodosio Lares, cuando me llamó para ocupar la cartera de viceministro de Asuntos Exteriores. Una de las primeras instrucciones que recibí del rígido moralista fue la de tomar esposa, ya que de otra suerte mi posición en la corte sería de creciente rechazo. Estuve tentado a propinarle la clásica respuesta: "Eso digo, don Teodosio, pero, ¿la esposa de quién?". Sin embargo, me abstuve para conservar el lucrativo cargo imperial, lo que me permitió aprovechar los lunes en que la emperatriz "recibía" en uno de los salones del castillo de Chapultepec (imitando lo que hacía Eugenia de Montijo en el Palacio de Saint Cloud) para empezar a cortejar a Rosario de la Barrera, hija de un próspero y respetable marchante de vinos cuya esposa había sido admitida como "dama de la emperatriz".

Rosario resultó ser una preciosidad de tan solo dieciocho años, blanca, de finas facciones, cabellos negros, grácil y bien formado cuerpo acentuado por delicados vestidos de muselina. Además de entregarse a las labores propias de su sexo, mi cortejada presumía de una cierta ilustración que expresaba en la devota lectura de libros de poesía romántica.

Desde el primer día, el robusto padre y la augusta matrona que Rosario tenía por madre, se entusiasmaron ante la posibilidad de casar a la niña de sus ojos con un viceministro del imperio, pero el cortejo tenía que seguir las formas preestablecidas hasta desembocar en la iglesia de La Profesa. De modo que tuve que pasar incontables lunes en los saraos de Chapultepec conversando con Rosario entre abanicos, y largas tardes de domingo en el estrado de la casa familiar, entre tazones de espumeante chocolate.

En el entretiempo inundaba a mi casi prometida con cartas rebosantes de requiebros amorosos y versos propios y ajenos, siguiendo el dicho que reza "la poesía no es de quien la escribe sino de quien la necesita".

Para junio de 1866, la solemne pedida de mano y la rumbosa boda parecían inminentes, pero las cuestiones de Estado pospusieron el enlace hasta que se consumara mi regreso de la dulce Francia, que era como yo me imaginaba, en ese entonces, a la pródiga tierra del mejor vino. Pero eso quedaba en el incierto futuro. Por el momento tenía que apurarme en escribirle a Rosario para que esta misiva pudiera ser depositada a tiempo en el correo de La Habana:

"Paloma mía:

"Cuando recibas estas letras seguramente me encontraré llegando a la vieja Europa. No permitas que un inesperado viaje turbe en lo más mínimo tu delicado espíritu. Solamente estoy cumpliendo con mi deber. A mi regreso hablaré con tus padres porque ansío tenerte conmigo para siempre. Así que calladita y en paz, que nuestro tiempo de vida en común está por llegar.

"Hasta ahora todo ha ido bien, aunque ya sabes lo imposible que se ponen los caminos en esta época del año. Pero desde que nos embarcamos en Veracruz las cosas mejoraron. Mañana llegamos a La Habana y de ahí tomaremos camino hacia Francia. Te mentiría si no te dijera que me emociona sobremanera la posibilidad de conocer París, sobre el que tanto he leído y del me han platicado mucho los franceses que tuve ocasión de tratar en la corte de nuestro emperador que Dios guarde muchos años. Te prometo que el primer momento que tenga libre en París te escribiré para contarte cómo es la que todos llaman la capital del universo.

"Aquí, en el paquebote *Impératrice Eugénie*, existe una sorda preocupación por la salud de la emperatriz Carlota. Nadie dice nada pero todos lo piensan. Si no fuera la emperatriz de los mexicanos me atrevería a decir que parece no estar en sus cabales. Ha hecho cosas de lo más raras. Nada más saliendo del pueblo de Ayotla me dictó una carta en la que le dice a su 'adorado Max' que él seguirá siendo emperador aunque sólo tenga seis pies de tierra a su disposición. Entonces yo pensé: el día que el emperador solamente tenga seis pies de tierra mexicana es porque ya está en la tumba. En Puebla nos hizo recorrer una casa a oscuras, de madrugada. En Paso del Macho, molesta porque le cantaron el corrido ese de 'Adiós mamá Carlota', obligó a sus chambelanes, Bombelles y Del Valle de Orizaba (que ya los conoces, son medio mujeriles), a la camarera Matilde y a la señora Del Barrio a que marcharan a lomo de caballo hasta Veracruz, con tal de no aceptar los servicios de un simple carruaje solamente porque le pareció de aspecto republicano. Excuso decirte en qué condiciones llegaron al puerto nuestras cuatro mujercitas, en especial el conde del Valle de Orizaba, acostumbrado a los lujos y comodidades de su palacio de Los Azulejos allá en la ciudad de México.

"En Veracruz no se quiso subir a nuestro paquebote, que es francés y que naturalmente navega al amparo de su bandera, hasta que no izaran en el mástil un lábaro mexicano. Desde que salimos vive encerrada en su camarote que mandó tapizar de colchones en pisos y paredes porque, según doña María Manuela del Barrio, el ruido de las máquinas no la deja dormir. Además no se baña ni se asea. Esto me hace pensar que si Maximiliano no hace vida conyugal con ella no es porque padezca sífilis, como se rumora en la corte, sino porque ella debe darle asco. De qué le sirven tantos vestidos, peinados y joyas si se cocina diariamente en el jugo de su propio sudor y de sus propias secreciones.

"¿Te acuerdas lo que una vez leímos en el *Diario del Imperio*, donde se la describía en uno de los saraos como 'un lucero del alba, tocada con perlas y diamantes y un vestido tornasolado color fucsia o lilac, con vueltas de encaje de Inglaterra'? Pues bien, si he de creerle a doña María Manuela, ese lucero del alba se está extinguiendo con los sufrimientos presentes.

"Perdóname Palomita por tratarte estos temas a ti, de cuerpo y espíritu tan limpios y refinados, pero como comprenderás estas cuestiones no se las puedo comentar a nadie de nuestro séquito pues, al margen de sus fallas humanas, aquí todos adoran, respetan y casi veneran a nuestra divina emperatriz.

"Por lo demás, pienso que lo que le pasa a doña Carlota es bastante explicable. Desde niña su padre el rey Leopoldo la acostumbró a hacer su soberana voluntad. Se casó con nuestro Maximiliano de Habsburgo únicamente por razones y conveniencias de Estado. Cuando se dio cuenta de que en Austria su marido estaba destinado a ser un segundón, lo empujó a aceptar el trono de México valiéndose de las ambiciones imperialistas de Napoleón III y Eugenia de Montijo. Desde que llegaron, como todos saben, ella es la que lleva las riendas del imperio.

"Tu la viste, Palomita querida, en las fiestas y recepciones del castillo. Siempre imperiosa, viendo a todo el mundo hacia abajo, inaccesible en ese porte de dueña y señora del universo con la convicción indestructible que solamente poseen quienes se saben ungidos por un mandato divino que los faculta ilimitadamente para regir y decidir, por sí y ante sí, los destinos de los pueblos.

"Por eso ahora, al darse cuenta de que nuestro imperio se derrumba a pasos agigantados y que la única forma de evitar lo que ya parece una inminente abdicación es irle a rogar a Napoleón III (que no posee la sangre ancestral de los Sajonia-Coburgo-Gotha y Orleans ni la de los Habsburgo, sino la de los advenedizos Bonaparte) que no retire de México ni sus tropas ni su ayuda financiera, su engreído subconsciente empieza a rebelarse ante una realidad que no se ajusta a sus deseos.

"Pero basta de Carlota. A su debido tiempo te platicaré cómo nos fue en París y qué clase de bichos son Napoleón III y Eugenia de Montijo. Por ahora, déjame terminar esta misiva que voy a sellar con mis besos, con un tierno pensamiento. Me dices en tu última carta que quisieras tener la inspiración y los versos del vate Manuel Acuña para convencerme de que es mucho lo que imploras de mi amor en el nombre de tu última ilusión. Pierde cuidado, Palomita de mi alma. Al pobre de Acuña esos versos de muy poco le sirvieron. La Rosario a la que iban dirigidos se casó con otro poeta más afortunado en amores y al loco de Acuña, herido en lo más hondo de su enfermiza sensibilidad, no le quedó más remedio que el de suicidarse.

"Gracias a Dios no es nuestro caso. Tu casto amor es correspondido sin reservas. Si todo sale bien, en menos de un año seremos esposos ante Dios y ante la sociedad. Así que cuídate mucho, escríbeme pronto y recuerda mis besos.

"El que anhela ser tu amantísimo esposo.
"Joaquín".

A la vuelta de los años esta carta más cursi no puede resultar. Si la he transcrito es porque me recuerda las impresiones que la emperatriz produjo en mi ánimo al inicio del más aciago de mis viajes. Por lo demás, eso era lo que pensaba y sentía en esos días de rosas, poemas, enajenaciones mentales e imperios al borde del colapso.

De posesas y canónigos

La escala en La Habana duró dos días que aproveché para visitar la ciudad y hacer migas con un importante asesor financiero de nuestro emperador, el señor Bonnefond, que regresaba a París tras inútiles esfuerzos encaminados a tratar de poner un poco de orden en las finanzas del enrevesado imperio.

Durante nuestra estancia pudimos admirar repetidamente las luces del castillo del Morro, pero de las luces de la emperatriz no vimos nada. Permaneció encerrada en su camarote sin otra comunicación humana que la estrictamente indispensable con la señora Del Barrio y Matilde Doblinger.

La noche anterior a nuestra partida, cené con el señor Bonnefond en una fonda de La Habana vieja que me había sido altamente recomendada por el chambelán conde de Bombelles que disfrutaba de una bien ganada fama de sibarita. Los portales de la fonda daban al malecón que los habaneros de aquellos tiempos, con innegable precisión lingüística, solían llamar "el rompeolas". Con la brisa del mar nos despachamos abundantes platos de "Moros con cristianos" refrescados por dos botellas de un clarete que si no era de primera tampoco era de tercera, antes de emprender el regreso al barco que zarparía en la madrugada.

Pensé que la conversación giraría en torno a la declinante (para emplear un eufemismo) situación financiera del Imperio mexicano, pero el señor Bonnefond prefirió hablar de otro tema, seguramente harto de las intrigas palaciegas que se desenvolvían diariamente a la vera del emperador sin que su noble persona hiciera otra cosa que bañarse de mañana en el lago de Chapultepec, cazar mariposas, visitar a Concepción Sedano en la Quinta Borda y sostener esotéricas conversaciones con un tal Agustín Fischer, pastor protestante alemán convertido al catolicismo, buscador de oro en California y padre de varios hijos bastardos, que vaya a usted a saber por qué artes le tenía prometido un iluso concordato con el Vaticano, después de que el nuncio apostólico, monseñor Meglia, decidiera regresar a Roma sin despedirse de los emperadores, con lo que deliberadamente incurrió en una gravísima violación de los protocolos diplomático y eclesiástico, antes de que Carlota lo arrojara, como le sucedió a uno de los cadetes del Colegio Militar que pretendió resistir la invasión yanqui en 1847, por una de las ventanas del castillo de Chapultepec, como se lo había advertido, en lo que con el tiempo se juzgaría como uno de sus primeros arranques de locura.

El tema que interesaba al buen señor Bonnefond era nada más y nada menos que el tribunal de la Santa Inquisición en los tiempos en los que México se llamaba Nueva España; y en particular los casos de las monjas acusadas de hechicería, idolatría, pactos con el demonio, revelaciones proféticas, visiones y otras sutilezas por el estilo. Bonnefond había realizado una visita guiada al antiguo y sórdido Palacio Inquisitorial de México, y aunque el sacerdote que le sirvió de guía no quiso entrar en detalles, él, como buen francés, estaba seguro de que esos extraños delirios forzosamente tenían que involucrar alguna forma de trato carnal entre las posesas y los sacerdotes que tenían encomendado su manejo espiritual. Por eso afirmó contundente:

—No pudo ser de otra forma puesto que la moral católica pone a sacerdotes y monjas en pugna con sus

41

instintos y convierte en graves pecados lo que, en realidad, es efecto de causas enteramente naturales.

Acto seguido, me preguntó si yo, dentro de mis estudios de jurisprudencia, había tenido conocimiento de alguno de estos casos ya que, de ser así, le encantaría (*"Je serai enchanté"*) que conversáramos sobre ello.

De inmediato recordé un caso que mi profesor de Historia del Derecho Mexicano, un viejito dogmático de nombre Miguel Abad (para el que los formalismos legales estaban por encima de la verdad de los hechos y si el recto sentido de la justicia chocaba con ciertos tecnicismos jurídicos, peor para la justicia) me había encomendado analizar para que entendiera las diferencias entre el régimen inquisitorial y el sistema del proceso legal implantado en México a partir de la Constitución Federal de 1824, a imitación de la Constitución de los Estados Unidos de América.

Esta fue la historia que le platiqué.

Hacia finales del siglo XVIII ingresó en el convento de Santa Brígida (un hermoso y bien dispuesto edificio colonial de la ciudad de México caracterizado por un claustro de grandes arcadas que dan a un frondoso jardín y una sobria fachada presidida por una hornacina con la imagen de Nuestra Señora de las Nieves, patrona de la comunidad) una bella doncella al parecer de familia distinguida, de quien se dijo que ahí había sido encerrada en castigo a una grave indiscreción que suprimía por completo sus posibilidades de contraer matrimonio con un distinguido caballero, como inicialmente había sido el deseo y la intención de sus padres.

Al poco tiempo de profesar, la madre superiora se percató, con cierta alarma, que la doncella pasaba más horas de lo debido enclaustrada en compañía del confesor que le había sido asignado, un joven sacerdote de la arquidiócesis de México.

Intrigada, la superiora decidió espiarlos a través de una de las pequeñas claraboyas que para esos efectos se habían colocado en todas las dependencias del convento. Según relató después al tribunal del Santo Oficio, la doncella, de nombre Isabel, no podía ser otra cosa que una posesa ilusionista y endemoniadamente pervertida.

Lo que en un número indeterminado de sesiones presenció la superiora puede describirse de la siguiente manera:

Isabel, probablemente a causa de los desvaríos generados por el celibato impuesto de manera tan intempestiva como violenta contra su naturaleza, estaba convencida de que a partir del día en el que profesara en Santa Brígida una luz milagrosa emanaba de su pecho cada vez que se entregaba al consuelo de la oración y a los rigores de la disciplina. Al no tener otra opción que la lectura de libros místicos, pronto se convenció de lo que esa luz significaba: el cuerpo de Cristo habitaba en el suyo, transmutado merced al milagro comúnmente conocido como transubstanciación de la carne, que es por demás entendible en quienes se desposan exclusivamente con el Señor.

Cuando el confesor le pidió que le mostrara esa luz mística, Isabel se descubrió los pechos. Al advertir el confesor que de esos pechos no emanaba ninguna luz que no fuera la de la carne en la más redonda de sus expresiones, Isabel le pidió que se los besara y se los chupara. Tras un largo rato hundido en el seno de la joven monja, el confesor emergió con cara de deleite, agradeciéndole profusamente y con abundancia de palabras evangélicas, que le hubiera brindado la ocasión de que su alma se iluminara con la luz de Cristo.

En posteriores sesiones llegaron a la conclusión de que si en Isabel habitaba el cuerpo de Cristo, el confesor podía purificar aún más su alma besando en la boca a la monja e introduciéndole la lengua en repetidas ocasiones hasta que la luz divina se trasladara al cuerpo sacerdotal.

El siguiente paso resultó completamente lógico y natural. El confesor viviría en perpetuo olor a santidad si, a través del trato carnal, recibía de Isabel la transubstanciación definitiva del divino cuerpo. Así fue como la madre superiora, "con grave riesgo para mi salvación eterna", presenció en varias ocasiones los deliquios transubstanciadores a los que, con gran fervor, se entregaron la monja y el sacerdote.

La superiora, en vez de denunciar los hechos a la inquisición, decidió consultar el caso con un importante canónigo de la Catedral Metropolitana que le inspiraba un gran respeto. El canónigo resultó ser don Mariano Beristain y Sousa, sujeto gordo, ampuloso y vano con fama de libidinoso, pero que tenía gran valimiento en el arzobispado. Con el tiempo adquiriría cierta notoriedad por haber publicado un farragoso mamotreto sobre todos los científicos y literatos novohispanos que, a lo largo de tres siglos de régimen colonial, dieron a luz, o más bien a la imprenta, algún libro o escrito sobre cualquier tema.

El canónigo de marras pidió a la superiora que le trajera a Isabel. La tomó a su servicio y todo hace suponer que se pasó varios meses verificando con ella la existencia del milagro de la transubstanciación de la carne.

Al fin, los insistentes rumores que iban de la catedral al palacio del arzobispado y de regreso, obligaron a Beristain y Sousa, muy a su pesar, a entregar a la monja al Santo Oficio con el amañado alegato de que tras un minucioso examen de conciencia precedido de largas confesiones y penitencias, había llegado a la inescapable conclusión de que Isabel, en efecto, estaba poseída sin remedio por el demonio, y que el luciferino engendro la había hecho incurrir, repetidamente y sin visos de arrepentimiento, en la herejía mayor de afirmar, encantando en el proceso a un célibe sacerdote, que en su cuerpo, impuro y manchado por el pecado, habitaba el del divino verbo.

Isabel murió en circunstancias misteriosas en una de las ergástulas del tribunal de todos temido antes de que se le dictara sentencia, por lo que tuvo que condenársele a ser quemada en efigie. El confesor sufrió la pena menor de destierro a la diócesis de Guadalajara gracias a uno de los típicos argumentos de los inquisidores: las mujeres, al hacer pactos con el diablo, se convierten en el receptáculo por excelencia del pecado y empujan en su caída a los ingenuos varones consagrados a Dios y al celibato impuesto por la Madre Iglesia desde el sagrado Concilio de Trento. A Beristain y Sousa no lo tocaron ni siquiera con el papel sellado de un simple citatorio.

Al señor Bonnefond le interesó e intrigó en tal forma el relato, el cual corroboraba su oculta aversión a la Iglesia, que invitó la cena y me colmó de profusas y expresivas gracias a lo largo del camino de regreso a los muelles habaneros, esa noche repletos de viajeros, paseantes y bultos de carga.

Cuando nos reembarcamos, el mástil del *Impératrice Eugénie* lucía de nueva cuenta la bandera francesa. Carlota, entregada a sus jaquecas y sumergida en un mar de colchones, no se percató de este desacato a su ya casi alienada autoridad, que siguió botando cual pelota hasta Saint Nazaire.

El desembarco en Saint Nazaire fue motivo de otra tragicomedia en cuestión de banderas a cargo de nuestra bienamada emperatriz, que descendió del paquebote relativamente aseada y perfumada, en virtud de los buenos oficios de la diligente señora Del Barrio. Una pequeña comitiva encabezada por el embajador de México en Francia y destacado personero del partido conservador, don Juan Nepomuceno Almonte, y por el alcalde de la población, le rindió a Carlota unos tibios honores de ordenanza que fueron recibidos con marcado aire de displicencia.

Mientras me despedía efusivamente del señor Bonnefond, comenzaron a escucharse los gritos airados, y de plano histéricos, de doña Carlotita. La causa: otro lío de banderas. Esta vez, el alcalde había tenido la precaución y la cortesía de arriar la bandera francesa pero, en su lugar, en vez de izar la mexicana, no había tenido mejor idea que ondear la del Perú. La furia de la emperatriz no tuvo límites y el señor alcalde tuvo que soportar una larga e hiriente tirada de doña Carlota sin más recurso que el de poner una cara que parecía decir que él no estaba obligado a saber nada de banderas "sudamericanas", y que en todo caso el mástil de su alcaldía solamente estaba reservado para el pabellón francés.

De Saint Nazaire marchamos a Nântes, en donde nos alojamos un día entero. Fue ahí donde Almonte y yo tuvimos que hacer entrega a la emperatriz de un telegrama remitido por Napoleón III desde el palacio de Saint Cloud. El telegrama lo habíamos recibido de las respetuosas manos del prefecto de la región en donde nos hallábamos, el Bajo Loira, y le informaba a Su Alteza Imperial que en atención a que el emperador de los franceses se encontraba "altamente indispuesto" y no estaba en condiciones de recibirla, debía marchar a Bélgica a visitar a sus hermanos y demás parientes de la casa real de Sajonia-Coburgo-Gotha y Orleans.

Carlota leyó el telegrama con aparente desinterés, lo depositó en una mesita de caoba y dejó que sus ojos se apagaran como si estuviera más allá de todo y de todos. Después, en un abrupto cambio de estado de ánimo, mordió la toallita de la compresa que la camarera Doblinger le acababa de colocar en la frente, apretó los puños y exclamó con rabia apenas contenida: "*Je ferai irruption*", lo que quería decir que se iba a meter a Saint Cloud a la viva fuerza hasta llegar, si era necesario, a los aposentos privados del indispuesto emperador.

Esa noche Almonte me llevó a cenar al comedero de un conocido albergue de Nântes. Era una reunión lógica y natural, ya que lo menos que podía esperarse del embajador en Francia es que se entrevistara con el viceministro de Asuntos Exteriores que acababa de llegar a ese país en una visita oficial de la que dependía el futuro del imperio.

No obstante, me costó un trabajo enorme tratar con Almonte. Era en verdad un personaje siniestro, lleno de misterios, evidentes dobleces y fallas de personalidad. Sus orígenes no podían ser más oscuros y vulgares. Hijo natural del cura don José María Morelos y Pavón (el más lúcido y brillante de los caudillos de la guerra por independizar a México de España) y de una mujer del pueblo llano, su apellido provenía del monte al que su padre lo mandó esconder ante el temor de que fuera descubierto por los soldados realistas y que el virrey Félix María Calleja desnudara ese pecado viviente del entonces venerado líder insurgente.

Morelos fue capturado, degradado del estado eclesiástico y fusilado, de rodillas y cargado de cadenas, en el fortín realista de San Cristóbal Ecatepec, situado en las goteras de la ciudad de México, antes de que Almonte pudiera reclamar sus ilustres apellidos. En suma, el ahora embajador en Francia era el fruto de un acto viciado.

El bastardo ignorado y abandonado en un monte, tuvo una vida llena de privaciones y humillaciones hasta que logró emerger como uno de los líderes del partido conservador. Empezó a vivir sus momentos de gloria cuando fue designado miembro del triunvirato que viajó a Europa para ofrecerle el trono de México a Maximiliano de Habsburgo y negociar con Napoleón III las condiciones para establecer un protectorado francés en México. No puedo dejar de mencionar aquí que los otros dos componentes del triunvirato fueron individuos de pésima reputación. El primero, José Manuel Hidalgo, fue un petimetre afrancesado que se coló en la corte de Napoleón III porque se rumoraba que en Sevilla había sido amante de la más que madura doña Paca, o "la Paca", como le decían los andaluces: la descocada madre de la aparentemente frígida emperatriz Eugenia de Montijo y, por lo tanto, los conservadores mexicanos simplemente se aprovecharon de las habilidades amatorias del petimetre. El segundo, José Miguel Gutiérrez Estrada (padre, por cierto, en su primer matrimonio, de mi diligente y abnegada compañera de viaje y dama por excelencia de la emperatriz Carlota, doña María Manuela del Barrio) fue un miserable hacendado yucateco que, gracias al henequén y a la explotación de sus infelices peones, se enriqueció más allá de toda medida y renunció al imperio en cuanto vio que Maximiliano no pondría en práctica sus dogmas y prejuicios políticos y religiosos, propios de un Catón de pacotilla. Ahora vivía en el esplendor de un palacete en Roma conocido como el palacio Marescotti, casado en segundas nupcias, por causa de viudez, con una condesa austriaca.

Gutiérrez Estrada había tenido que huir de México (sin por ello dejar de percibir los cuantiosos frutos de sus haciendas henequeneras) por la contumaz e intolerante oposición que había hecho a las corrientes de carácter republicano, federalista y liberal, que habían acabado por definir una forma de gobierno aún precaria pero en evidentes vías de consolidación, en especial después del triunfo de la causa liberal en la guerra de Reforma. A pesar de que en esos tiempos la única tabla de salvación de los conservadores mexicanos se encontraba en París, el yucateco prefirió Roma, porque su inflexible ideología de Catón del subtrópico le impedía estar a la vera de un monarca como Napoleón III, que sin perjuicio de sus declaradas simpatías por el partido conservador mexicano, toleraba que en los augustos salones imperiales se hablara libremente del hugonote Juan Jacobo Rouseau (quien, merced a la publicación del *El contrato social*, había desencadenado la perfidia liberal), del barón de la Brede, de Montesquieu (que subrepticiamente le había brindado su credo a los republicanos al inventar la división de poderes), y del libertino, amoral y anticlerical Voltaire, horror y anatema para los hombres de bien. Por eso se había instalado en las proximidades del Vaticano, cerca de Su Santidad Pío Nono, el autor de los dogmas de la infalibilidad papal y de la purísima concepción, así como abiertamente nostálgico de la Santa Inquisición a la que había recreado bautizándola con el equívoco nombre de "Congregación para la Doctrina de la Fe". Ese era el único lugar del mundo que le parecía compatible con su febril pasión reaccionaria.

Pero al margen de las sórdidas reputaciones de sus compañeros de triunvirato, Almonte prosperó con el imperio más allá de las más halagüeñas expectativas. Formó parte de la regencia que preparó la llegada de Carlota y Maximiliano, fue ministro del imperio y en los tiempos de mi visita se desempeñaba como embajador en Francia, el cargo diplomático más importante en esos momentos de crisis.

En esa noche veraniega de agradable temperatura y cielo cuajado de estrellas, Almonte sólo pensaba en el tratado secreto que tenía propalado con Drouin de Lhuys, el ministro del Exterior francés, del que se expresó en términos sumamente elogiosos, asegurándome que era un entusiasta partidario de la oferta mexicana, y que por esa razón lo trataba a él con toda clase de cortesías.

Según lo que Almonte me reveló esa calurosa noche, su propuesta (que al parecer contaba con la bendición de Maximiliano y Carlota, del intrigante padre converso, Agustín Fischer, y del ministro de Asuntos Exteriores, don Ignacio Castillo) no era otra que una radical enmienda a la Convención de Miramar firmada en 1864 por Maximiliano y Napoleón III, en virtud de la cual el primero se comprometió a que México pagaría a Francia los doscientos cincuenta millones de francos que constituyen el costo estimado de la expedición que culminó con la ocupación de la mayor parte del territorio nacional, creando con ello un nefasto precedente internacional que obliga al país invadido a pagar el costo de la invasión. De igual manera, con arreglo a esa convención, el Imperio mexicano tendría que pagar a Napoleón III mil francos anuales por cada soldado francés que permaneciera en el país después del 31 de julio de 1864. Por si eso no bastara, Max, a nombre de su "nueva patria", también se obligó a satisfacer las usurarias reclamaciones de la Casa Jecker por concepto de préstamos otorgados a anteriores gobiernos conservadores, en especial al de Miguel Miramón, futuro sostén militar de Maximiliano, cuyos intereses compuestos ascendían a novecientos por ciento de la suerte principal.

La convención también incluyó un protocolo secreto que hacía del vasto y riquísimo territorio mexicano de Sonora un protectorado francés. Sin embargo,

Maximiliano lo rechazó con el peregrino argumento de que implicaba la cesión de una parte muy importante del territorio soberano de México. Pero a ese respecto, siempre he dicho que si el país invadido iba a pagar el costo total de la invasión, entonces, ¿cuál territorio soberano?

Ahora Almonte, con el expectante apoyo de nuestro emperador, estaba ansioso de hacer cesión de todo lo cedible, pues no únicamente rescataba el proyecto del protectorado francés en Sonora, con su enorme cauda de riqueza mineral en oro, plata, mercurio, platino y piedras preciosas, sino que ofrecía además derechos perpetuos de tránsito por el istmo de Tehuantepec, la ruta más corta entre el golfo de México y el océano Pacífico, con opción de construir y operar, por tiempo indefinido y a título gratuito, un canal marítimo o un ferrocarril de doble vía, o ambos.

Al embajador Almonte no parecían preocuparle en lo más mínimo las implicaciones que a largo plazo tendrían semejantes concesiones, ya que vivía seguro de que merced a este nuevo protocolo secreto se garantizaba el triunfo de las armas imperiales y con ello la consolidación definitiva del trono de Maximiliano y Carlota.

Cuando se me ocurrió comentarle que las propuestas que le había entregado a Drouin de Lhuys mucho se asemejaban al Tratado McLane-Ocampo ratificado en 1859 por el presidente Benito Juárez y posteriormente rechazado por el Senado de los Estados Unidos, y que ha sido reiteradamente utilizado por el partido conservador para acusar a Juárez de traición a la patria, Almonte, con aires de cierta vulgaridad, simplemente me replicó: "Esos son otros Pérez", y dio por terminada la cena.

Al día siguiente tomamos el tren a París y disfrutamos del vagón de lujo que el obsequioso embajador venido de un monte reservó para la emperatriz y su comitiva, con cargo a las desfallecientes finanzas del imperio por cuyo futuro París bien valdría una locura de sesenta años.

Un vaso de naranjada en Saint Cloud
París, julio-agosto de 1866

Una catedral en la que se toma el tren

París nos recibió bastante mal. Carlota esperaba una bienvenida de Estado en el salón oficial de la Gare de Montparnasse para después ser escoltada, en carruaje descubierto, por los gallardos lanceros de la guarnición permanentemente acantonada en Versalles, hasta los imperiales aposentos del palacio de Las Tullerías, lugar de sus recreos infantiles al lado del abuelo adorado, el rey Luis Felipe de Orleans.

Nada de eso pasó. Al bajar del tren lo único que vimos fueron cargadores de maletas y pasajeros que corrían apresuradamente de un andén a otro. No nos quedó más remedio que sentarnos en una mesa del bufet de la estación a degustar galletas excesivamente dulces acompañadas de té frío, mientras Almonte, que no era tan imbécil como pretendía aparentarlo, se afanaba buscando transportes adecuados que nos trasladaran al Grand Hotel, en el que había tenido la previsión de reservar un piso entero en calidad de transitoria suite imperial.

En la recepción del hotel nos esperaban los encargados del protocolo de la corte de Napoleón III, que con profusas zalamerías y repetidas caravanas, le ofrecieron a la emperatriz una catarata de disculpas y explicaciones: se habían equivocado de estación del tren. Nos esperaban en la Gare D'Orleans (que pronto descubriría que es una maravilla arquitectónica: una catedral en la que se toma el tren) y nosotros, "intempestivamente", habíamos llegado a la Gare de Montparnasse. Carlota, esta vez con justa razón, los llenó de improperios y los despidió con cajas destempladas, ya que desde luego no era creíble que los funcionarios a cargo del protocolo diplomático del Imperio francés, que presumía ser el más poderoso del mundo, no supieran a qué estación llegan los trenes procedentes de Nântes. Máxime que el día anterior el palacio de Saint Cloud, por conducto del prefecto del Bajo Loira, nos hizo llegar a la dirección exacta en el mismo Nântes, el telegrama en el que se le indicaba a nuestra emperatriz que, a causa de los males renales que padecía Napoleón III, debía dirigirse a Bélgica a visitar a sus familiares.

Tengo la impresión de que fue en ese día de nuestra llegada a París cuando Carlota se formó la convicción de que en Saint Cloud se estaba tramando una conspiración para forzar la abdicación de Max. Plenamente convencida de que su "tesoro entrañablemente amado" no abdicaría mientras ella viviera, también llegó a la conclusión de que a ella la querían envenenar para deshacerse del único obstáculo que verdaderamente se interponía entre la inminente aniquilación del Imperio mexicano y el nuevo designio del emperador francés de abandonar México para enfrentar a Bismarck.

La Exposición Universal

Tres largos días se emplearon en conseguir la anhelada audiencia con Napoleón III, y el concertarla requirió de un prolongado desfile por la suite imperial del Grand Hotel, de un sinnúmero de funcionarios y edecanes provenientes tanto del palacio de Saint Cloud como del Quai D'Orsay, que es el muelle del río Sena al que da el frente del edificio del Ministerio de Asuntos Exteriores.

Almonte me ofreció los servicios del secretario de nuestra embajada, don Julio González Reza, afectuosamente conocido como "Gonzalitos", para que me mostrara los lugares de interés que París ofrece al mundo. "Es un excelente Cicerone", dijo con afectación. De inmediato advertí las verdaderas intenciones del hijo ilegítimo de don José María Morelos y Pavón. No quería que el viceministro de Asuntos Exteriores del Imperio mexicano estuviera presente en sus "negociaciones secretas" con Drouin de Lhuys para atribuirse todo el mérito en caso de que las mismas llegaran a buen puerto. Probablemente pensaba que al regresar a México con el tratado en las alforjas, Maximiliano lo nombraría Primer Ministro o Canciller Imperial. A fin de cuentas, Almonte no solo resultó un imbécil, sino un imbécil con iniciativa.

En compañía de Gonzalitos me dispuse a recorrer París. Como nuestro hotel estaba frente a la plaza de la Ópera primero visitamos el monumental y rebuscado edificio que aún se encontraba en construcción y que años después sería conocido como el magnífico Teatro de la Ópera, obra maestra del arquitecto Garnier. Después nos internamos por el Boulevard des Capucines, que me asombró por la armonía casi geométrica de sus edificios de estilo y dimensiones similares, así como por el impresionante trasiego de cientos de carruajes que circulaban ordenadamente en un sentido y en otro, no como en México, en donde los cocheros, abusivos y agresivos, hacen lo que se les da la gana, aventándose los carruajes para ganarse el paso, lo que implica un grave riesgo para la integridad física de sus angustiados pasajeros.

La plaza de la Concordia me agradó por su simetría. En cualquier lugar en donde uno se parara veía algo soberbio: el palacio de Las Tullerías y sus jardines, los edificios señoriales del Ministerio de Marina; al fondo el templo griego consagrado a María Magdalena, que tenía su contraparte, apenas al otro lado del Sena, en la suntuosa Asamblea Nacional; al frente de la plaza la avenida de los Campos Elíseos, mucho más bella y señorial que nuestro todavía inacabado Paseo de la Emperatriz. Todo ello presidido por la singular columna del obelisco de Luxor que, si he de creerle a Gonzalitos, fue robada por Napoleón I cuando conquistó Egipto.

Por los Campos Elíseos ascendimos a la gigantesca plaza del Arco del Triunfo de la Estrella. Ahí, el guía me explicó que todo era de reciente creación. Obra del prefecto o alcalde de París, barón de Haussman, que con el apoyo imperial y las arcas del tesoro público a su disposición, en el breve lapso de doce años había reemplazado la vieja ciudad medieval que amenazaba ruina, con la urbe que ahora contemplaba, plena de espacios abiertos, de amplias avenidas bordeadas por enormes castaños y por modernos edificios que poseían el mismo estilo arquitectónico.

Al Arco del Triunfo desembocaban doce avenidas que le dan a la plaza la inconfundible forma de una estrella gigantesca. Todas ellas llevaban nombres de connotaciones napoleónicas: Carnot, MacMahon, Wagram, Marceau, Jena, Kléber, Friedland y avenida de la Emperatriz, entre otras.

Por una ancha avenida bordeada casi en su totalidad por terrenos baldíos, descendimos al Sena. Para un habitante de la ciudad de México no deja de ser sorprendente estar en una metrópoli cruzada por un enorme cuerpo de agua. Más cuando se piensa que la antigua ciudad de México-Tenochtitlan, edificada por los aztecas o mexicas alrededor de un bello lago rodeado de imponentes montañas y volcanes, fue arrasada por los conquistadores españoles, que reconstruyeron la ciudad en la que ahora vivimos literalmente sobre los fondos, los islotes y los bordos del lago. Por eso, si queremos ver agua, tenemos que salir a lugares como Xochimilco, Texcoco y Zumpango, que en carruaje están a más de una hora de distancia.

Atravesamos el Sena por el sobrio puente del Alma, que según Gonzalitos también es obra del barón de Haussman. Tras caminar un buen trecho arribamos a una gigantesca explanada a cuyo fondo se yergue el marcial edificio de la Escuela Militar. Por todas partes se advertía el movimiento, dinámico y concertado, de cientos de obreros, que al parecer levantaban enormes pabellones de acero y cristal. Gonzalitos me explicó que en esa explanada, que lleva por nombre el Campo de Marte en honor al dios romano de la guerra, se estaba preparando la Exposición Universal que tendría lugar un año después, por lo que todas las grandes naciones de la tierra estaban compitiendo entre sí para que su pabellón fuera el más grande, hermoso, artístico, y el que mostrara la mayor cantidad posible de avances técnicos, pues la exposición aspiraba a ser una muestra del progreso universal.

Gonzalitos me llevó a un costado del Campo de Marte para informarme que en ese terreno yermo apenas delimitado por unos raquíticos palos de madera, pronto se construiría el pabellón del Imperio mexicano.

Hasta donde él sabía, el emperador había ordenado que se edificara una réplica, de escala apropiada al tamaño del terreno, del centro ceremonial tolteca de Teotihuacán, así como un lienzo charro para que los visitantes pudieran asombrarse y deleitarse con el incomparable espectáculo de una escaramuza charra. El diminuto y afable secretario de la embajada se frotaba las manos de gusto nada más imaginarse el día en que el emperador Napoleón III y la emperatriz Eugenia declararan solemnemente inaugurada esa muestra del orgullo imperial mexicano.

El *tour* concluyó con una visita al hospital de Los Inválidos en cuya iglesia reposa la tumba de Napoleón I, que destaca por el sarcófago de mármol color grana (según mi guía, el mismo que se empleaba en los túmulos y monumentos de los emperadores romanos, pero que por esos días solamente se conseguía en la lejana Rusia) que emerge de una rotonda que, entre dibujos de coronas y ramas de olivo, enumera los nombres de las grandes batallas libradas por el fundador de la dinastía napoleónica.

Al salir de Los Inválidos le pedí a Gonzalitos que me llevara a conocer la Gare D'Orleans para darme el gusto de visitar el lugar al que debimos haber llegado según los encargados del protocolo de Luis Napoleón. Tal y como lo apunté líneas atrás, el diseño de ese utilitario edificio me impresionó a tal grado que no pude menos que pensar que esa terminal es una catedral en donde también se abordan trenes.

OLORES PARISINOS

Debo decir que en los días subsecuentes al *tour*, mis impresiones de París no fueron tan halagadoras como las del primer día, puesto que empecé a notar una serie de detalles que me parecieron desagradables. La gran mayoría de los parisinos comía y bebía bien pero vivía mal. Los edificios que con gran armonía estética se alineaban en los bulevares ocultaban pequeños y sofocantes departamentos que tenían que compartir nauseabundas salas de baño comunales. Además, carecían de agua corriente porque a pesar de los esfuerzos del barón de Haussman por modernizar los servicios de agua potable y drenaje, los propietarios de los edificios se negaban a conectarse a la red de suministro por el costo extra que la conexión les representaba.

El resultado era que los parisinos olían muy mal, a una mezcla de sudor, ajo (ingrediente indispensable en la cocina francesa) y vino rancio. Por si fuera poco, los casos de halitosis eran bastante frecuentes, lo que obligaba a hablarles de lejos. Una comprobación de estos malsanos hábitos la tuvimos en nuestro lujoso Grand Hotel, cuando fuimos informados que si deseábamos una tina de baño en nuestras respectivas habitaciones, debíamos pedirla con gran anticipación, y que si nuestra intención era la de conservarla para usarla todos los días, resultaba indispensable contar con la prescripción del médico

61

del hotel que certificara que padecíamos una enfermedad cuya cura requería del baño diario.

Debo reconocer que en México los hábitos de limpieza únicamente son practicados por la minoría que posee educación y buena posición económica, ya que el grueso del país vive regodeándose en el caldo de su propia mugre, y si se bañan lo harán de tres a cuatro veces al año con motivo de las principales fiestas religiosas. Por eso, la gente educada se sorprendió gratamente cuando supo que el emperador Maximiliano tenía la sana costumbre de bañarse todos los días en un estanque que había mandado acondicionar en el lago de Chapultepec. Por desgracia, no podía decirse lo mismo de la emperatriz.

Una última queja. La mayor parte de los parisinos siempre parecían estar de un pésimo humor y solían poner una cara de insolente fastidio a la menor provocación. Aunque eso sí, a diferencia de México, jamás llegaban a las manos.

Un macaco con crinolinas

Al fin llegó la ansiada entrevista en el palacio de Saint Cloud. Tuvo lugar en un día claro y soleado de principios de agosto cuando el termómetro marcaba treinta grados centígrados y los castaños de los bulevares se cargaban de flores y de hojas lustrosamente verdes.

Al subirse al carruaje imperial que esta vez sí llegó al lugar exacto, la emperatriz Carlota lucía fresca, aunque la sombría expresión de su rostro hacía juego con el fúnebre vestido negro, cerrado hasta el blanco cuello, de mangas largas rematadas por puños también albos y tejidos en fino encaje de Bruselas. La comitiva no podía ser más pequeña. Estaba compuesta por la señora Del Barrio, los chambelanes conde de Bombelles y conde del Valle de Orizaba, el embajador Juan Nepomuceno Almonte, el secretario Julio González Reza y el que esto escribe.

El viaje a Saint Cloud, ubicado en las estribaciones del famoso Bois de Boulogne, dentro del distrito conocido como Boulogne–Billancourt, fue rápido, aunque el callado aspecto de nuestra emperatriz nos obligó a hacerlo en medio de un silencio sepulcral.

El vistoso carruaje descubierto con las armas del imperio napoleónico grabadas en los costados y el destacamento de lanceros espléndidamente uniformados que nos escoltaba, llamaron la atención de algunas personas que saludaron y hasta aclamaron a su ocupante, muchas de ellas sin saber en realidad de quién se trataba. La emperatriz de México contestó las salutaciones con leves inclinaciones de su graciosa y engañosa cabeza.

Al llegar a Saint Cloud nos esperaba el principito imperial (Lulú para los amigos y familiares) rodeado de edecanes militares, vestido de uniforme de gala y mostrando en su estrecho pecho el collar con la condecoración del Águila Azteca, la máxima distinción que el gobierno de México confiere a personalidades extranjeras.

Lulú se comportó con gran caballerosidad con Carlota. La saludó con una profunda reverencia, besando la mano derecha. Acto seguido ofreció su brazo y, gallardo, la condujo al salón de recepciones. Nosotros los seguimos a respetuosa distancia.

El salón de recepciones de Saint Cloud era enorme, decorado con muebles de gran calidad aunque de diseño un tanto cursi y recargado (el famoso estilo "tercer imperio"), iluminado por gigantescas arañas de cristal que pendían de los altos techos y rematado por ventanales que caían sobre un manicurado jardín que servía de asiento a una sucesión de camas de flores circundadas por garigoleadas fuentes cuyos juegos de agua se disparaban al cielo.

Al centro del salón nos aguardaban Napoleón III y Eugenia de Montijo acompañados de Drouin de Lhuys, ministro de Asuntos Exteriores, Randon, ministro de Guerra, y Fould, ministro de Finanzas, además de los infaltables ayudantes de campo del emperador y damas de compañía de la emperatriz.

Napoleón III vestía una simple levita negra con camisa blanca de pechera engalanada por botones de oro y corbata negra de dogal. Me produjo la impresión de un perico melancólico al que acabaran de coger a trapazos. Después supe que ese día arrastraba ya el rosario de las enfermedades que siete años más tarde lo llevarían a la tumba en el destierro dorado de su mansión campestre en Chislehurst, Inglaterra: inflamación de la próstata, cistitis, piedras en los riñones y la molesta e insistente gota.

En cambio Eugenia, aunque se había ataviado con especial severidad, quizá para darle a entender a su invitada que ya no vivía en el ingenuo regocijo y optimismo de dos años atrás, refulgía en el esplendor de su madura belleza andaluza que se manifestaba no solo en su esbelto y bien formado cuerpo, sino también en la serena armonía de su rostro de boca pequeña, nariz recta, brillantes ojos redondos, cejas espesas pero bien depiladas y barbilla finamente recortada.

Los ayudantes militares del emperador acomodaron a todo mundo en estricta conformidad a sus respectivos rangos y precedencias. Los emperadores se sentaron en un amplio sillón de cojines blancos con brocados de oro; Carlota en el sofá de enfrente en compañía de la diminuta señora Del Barrio, que había tenido a bien ataviarse esa mañana con una ampulosa crinolina. Se dispusieron sillones para los ministros Lhuys, Randon y Fould, para mí y para el embajador Almonte. Nuestros chambelanes, así como el secretario Gonzalitos, fueron relegados a una lejana banqueta redonda de terciopelo color burdeos con flequitos dorados (como las que adornan el vestíbulo de la ópera Garnier) junto a las damas de compañía de la emperatriz Eugenia. Todo parece indicar que los estirados ayudantes militares los consideraron más bien irrelevantes.

Cuando se verificaban los cuidadosos saludos protocolarios con efusión de caravanas, choque de tacones, sonrisas forzadas y besos en las manos de las damas, ingresó al salón un individuo de rostro cuadrado e intensamente blanco, mejillas rosadas, frente amplia, melena al aire, levita azul eléctrico, camisa morada y corbata de dogal de doble vuelta del mismo color, que se inclinó ante el emperador y besó la mano de Eugenia para irse a sentar en una blanca silla de cubierta y cojines de seda al lado del ministro Fould, sin dignarse saludar a nadie más. Permaneció sin decir palabra, observándolo todo con aires de estudiada ironía.

Posteriormente me enteré de que se trató del afamado escritor Próspero Merimée, autor de desaforados culebrones románticos, y por ende favorito de las aristócratas francesas, que había sido amante de la también escritora George Sand (*née* Aurora Dupin), una marimacha que constituía la última sensación de los círculos literarios parisinos y que, según me dijeron, lo había abandonado para recibir los favores de una hermosa actriz del Théatre du Gimnase y tiempo después los del pianista y compositor de origen polaco Fréderic Chopin. También me enteré de que en una *soirée* organizada por la emperatriz Eugenia al día siguiente de nuestra entrevista, Merimée había tenido a bien bautizar a la Del Barrio como "un macaco con crinolinas".

"Abdicad"

Fue Eugenia de Montijo la que abrió el fuego:

—Tengo entendido, querida *Charlotte Amélie*, que en México existen unos jardines flotantes únicos en el mundo. Mucho me gustaría que me platicaras de ellos.

La emperatriz de México la miró como si se tratara de una idiota superficial y prefirió ignorarla para dirigirse a su marido:

— Sire, no estoy aquí para hablar de jardines, sino que he venido a salvar una empresa que es la vuestra.

Luis Napoleón se acarició la piocha de aguacero que le caía sobre el pecho, entrecerró sus ojillos tristes de párpados inflamados e inquirió:

—¿Una empresa que es la mía, señora?

—Espero que no os hayáis olvidado de que si Max y yo estamos en México es porque Su Majestad nos ofreció el trono a cambio de un protectorado francés por los próximos quince años o hasta que se formara un ejército nacional de por lo menos diez mil hombres. Aún no se cumple el segundo año y el mariscal Bazaine ya está hablando de retirarse.

—Las circunstancias en Europa, querida señora, han cambiado radicalmente en los dos últimos años. Bismarck está movilizando un poderoso ejército hacia la frontera con Francia y acaba de firmar importantes tratados de alianza en contra nuestra con los Estados, principados y ducados de Württemberg, Baden y Baviera.

—Bismarck no es más que un cretino sin la menor importancia.

—Sí, majestad, Bismarck es sin duda un cretino de la peor especie, pero también es un cretino con cañones Krupp y modernos fusiles de aguja.

—De cualquier modo no podéis abandonarnos ahora, Sire. Sería como faltar a la palabra que solemnemente nos empeñasteis al firmar la Convención de Miramar que nos hizo llegar a México plenos de ilusiones y de fe en el porvenir.

Napoleón III recargó todo su peso en los almohadones del sofá, se pasó la mano izquierda por la frente con gesto de cansancio y con voz de fastidio, respondió:

—Los términos de la Convención de Miramar no han sido cumplidos porque vuestro esposo mantiene permanentemente vacías las arcas de su imperio. Ni siquiera ha podido pagarle un céntimo a la Casa Jecker. Eso me lo confirman a diario mis agentes financieros en México.

La voz de Carlota sonó desfalleciente pero resuelta:

—Sire, como sabéis, México es un país sumamente rico, de vastas costas en ambos océanos que se pueden navegar en cualquier época del año, de fértiles valles y planicies, de ríos caudalosos, de gente dispuesta a laborar todos los días de sol a sol a cambio de un mísero jornal. Además os informo que vengo autorizada por mi augusto esposo para ofreceros su aceptación incondicional del protocolo relativo al protectorado francés en Sonora, donde se puede construir otro imperio con abundancia de minas de oro, plata, mercurio, platino y piedras preciosas. ¡Es la nueva California! La abundancia de plata en México es tal que hace no muchos años un virrey le aseguró al monarca español Carlos III, que si visitaba México le alfombraría las primeras cien leguas del camino que va del puerto de Veracruz a la capital con planchas de plata pura.

Era evidente que Carlota estaba al tanto de las negociaciones secretas de Almonte con Drouin de Lhuys, pero Luis Napoleón, que también había sido informado por este último, pareció no impresionarse.

—Majestad, para explotar esas vastas riquezas que decís, se requiere de tiempo y dinero, que es precisamente de lo que ahora, por desgracia, no dispongo.

—Pero Sire, de seguro sabéis que además de Sonora, Max os está ofreciendo los derechos de tránsito a perpetuidad por el istmo de Tehuantepec. Ahí se puede construir el canal de Suez del futuro.

El emperador de los franceses siguió inmutable:

—Ilusiones, vanas ilusiones señora mía. El querido primo de mi amada emperatriz, Ferdinand de Lesseps, que tanto éxito tuviera en Suez, acaba de desistir en Panamá porque según nos ha dicho, la naturaleza y el clima de esas infernales regiones tropicales son superiores al talento humano. Por lo tanto, nada puede esperarse del Tehuantepec que me ofrecéis.

Carlota, con encomiable espíritu, volvió a la carga:

—Sire, no podéis abandonarnos. Vos nos habéis llevado ahí. No podéis dejarnos ahora a nuestra suerte. Si no os interesan Sonora y el istmo de Tehuantepec, al menos debéis honrar la Convención de Miramar que lleva vuestra firma y vuestro sello imperial.

El emperador de los franceses, con cara de renovado fastidio, repuso:

—Majestad, ya que tanto habláis de lo acordado en Miramar, permitidme recordaros que para estas fechas vuestro imperio ya debería haberme pagado, cuando menos, el costo de la expedición que es de doscientos cincuenta millones de francos. Y en cambio lo que tengo es una deuda creciente que parece no tener fin. Ministro Fould, hacedme el favor de leer las cifras que me habéis mostrado apenas el día de ayer.

Con estudiada cortesía, el ministro de Finanzas se puso de pie, se caló unos impertinentes casi al filo de su puntiaguda nariz y con voz monocorde leyó:

—Las aduanas de los puertos mexicanos rinden entre las del golfo de México y las del océano Pacífico un total de cincuenta y ocho millones de francos anuales, de los que es necesario descontar una serie de partidas entre las que destacan las subvenciones ferrocarrileras más los intereses de las deudas inglesa y española, pues en 1862, para forzar el retiro de las fuerzas expedicionarias de esas dos naciones, tuvimos que otorgarles ciertos derechos de preferencia sobre los ingresos aduaneros del Golfo y del Pacífico. Esto quiere decir que de México estamos obteniendo un rendimiento neto del orden aproximado de treinta y cuatro millones de francos anuales. Si eso lo comparamos con los sesenta y cuatro millones de francos al año que nos cuesta sostener a nuestro ejército de más de cuarenta mil hombres, resulta que estamos incurriendo en un insostenible déficit de treinta millones de francos anuales.

Napoleón III decidió liquidar la cuestión:

—Como veis, mi querida señora, no tengo otra alternativa que extraer de inmediato mis tropas de México. Y si eso significa que debéis abdicar, pues abdicad.

La cara de Carlota empezó a congestionarse en una forma mucho más violenta que la que exhibiera ante las contrariedades de Paso del Macho, del puerto de Veracruz, de la alcaldía de Saint Nazaire y de la suite imperial del Grand Hotel. Con bruscos ademanes extrajo una carta de la valija que portaba la encrinolinada señora Del Barrio y casi encaró a Luis Napoleón.

—Sire, no podéis renegar, por más que lo queráis, de la palabra empeñada, porque si lo hicierais no seríais digno de ostentaros como emperador de los franceses. Aquí tengo la carta que le habéis enviado a Max a Miramar cuando decidió no aceptar el trono de México. Entonces, nada os preocupaba el costo de la expedición, ya que presumíais de ser un Napoleón todavía más grande que detendría el avance del protestantismo anglosajón a las puertas mismas de los Estados Unidos de América. Entonces eráis el emperador más valiente, ilustrado y poderoso del mundo. Por eso no podéis comportaros ahora como un vil y despreciable cobarde.

Eugenia, que llevaba bastante tiempo tratando de intervenir en la conversación, no pudo contenerse.

—¡*Charlotte*, por favor; tú no puedes hablarle así al emperador de Francia!

Carlota se puso de pie y por nada le escupe sus palabras a la de Montijo.

—¡Tú, Eugenia, cállate! Escuchad todos lo que este villano y miserable nos escribió a Max y a mí para obligarnos a ir a México hace no más de dos años —y con la voz convulsa, leyó: "Qué pensaría usted realmente de mí si cuando Vuestra Alteza Imperial se encuentre en México yo le dijese de pronto que no podía cumplir las condiciones que he firmado". Y sin transición, añadió:

—Sus Altezas Imperiales ya se encuentran en México y de pronto el autor de esta solemne promesa nos dice que no puede cumplir las condiciones que nos firmó. Por lo tanto, lo que pienso realmente de usted, Sire, es que es un vil y despreciable cobarde.

En ese instante irrumpió en el salón madame Carette, dama de compañía de la emperatriz Eugenia, portando una enorme charola con grandes vasos de naranjada helada. Hacía un calor horrible y la buena señora pensó que un oportuno refrigerio contribuiría a templar los ánimos.

A una señal de Eugenia, Carette le ofreció solícita el primer vaso a Carlota. Nuestra amada emperatriz, en vez de tomarlo con las manos, hizo un brusco movimiento con su brazo izquierdo que derribó la charola, bañando de naranjada y trozos de cristal tanto a Carette como a la alfombra de seda china, y ya francamente histérica, empezó a gritar:

—¡Me quieren envenenar! ¡Me quieren envenenar! ¡Esto es una conspiración para envenenarme a mí y fusilar a mi Max adorado! ¡Asesinos, dejadme!

A continuación, con el cuerpo convulsionado, dio unos temblorosos pasos hasta que cayó sin sentido en la alfombra junto a un charco de naranjada.

El pandemónium estalló en el elegante salón de recepciones. Eugenia, la señora Del Barrio, nuestros chambelanes, las damas de compañía y los ayudantes militares corrieron por todas partes pidiendo a gritos un médico, mientras los demás observábamos atónitos la escena. La única excepción la constituyó Merimée que, sin moverse de su sitio, parecía encontrarse extremadamente divertido.

Al fin una dama de compañía que había hecho estudios de enfermería, con la ayuda de la cada vez más sufrida señora Del Barrio y de un par de edecanes militares, acostó a la emperatriz de México en un sofá, le dio a oler sales inglesas, la descalzó, le frotó agua de colonia en los pies y en los tobillos hasta hacerla volver en sí. No puedo dejar de pensar que fue una suerte que esa misma mañana la camarera mayor, Matilde Doblinger, le preparara un baño a Carlota y que la señora Del Barrio la perfumara, pues si la improvisada enfermera hubiera tenido que descalzarla en el estado de suciedad en el que llegó a Saint Nazaire, con toda probabilidad habríamos tenido un segundo desmayo.

Dos edecanes militares condujeron a Carlota al carruaje en donde la acomodaron en los cariñosos brazos del macaco Del Barrio (Próspero Merimée *dixit*) para emprender el camino de regreso al Grand Hotel, todavía con el acompañamiento de los lanceros cuyo comandante tenía cara de no haberse percatado de nada. Al emprender la marcha pude darme cuenta de que el embajador Almonte se había retrasado a propósito para tratar de hablar confidencialmente con el ministro Drouin de Lhuys, que parecía rehuirlo como si fuera el portador de las siete plagas de Egipto.

EL PÁLIDO INTENTO

Cuando todos los integrantes de la comitiva creíamos que el Imperio mexicano había sido liquidado a naranjadas en el palacio de Saint Cloud, recibimos una sorpresa, en principio agradable, pero que después se tornó bastante agria. A los dos días de los sucesos que acabo de narrar, Napoleón III y Eugenia, en compañía de sus ministros Lhuys, Randon y Fould, pidieron ser recibidos por Carlota en la suite imperial del Grand Hotel.

No supe qué pensar. Luis Napoleón había sido perfectamente claro al decir que ya no estaba dispuesto a gastar ni un solo hombre, ni un solo centavo en México. Aunque en la política y en la guerra todo se vale, su actitud era de una perfidia inaudita. Sólo él había ideado la expedición a México como parte de una política imperial fríamente planeada que tenía por objeto crear colonias y protectorados franceses en los cinco continentes. Valido de las exageradas ambiciones que descubrió en Carlota, le torció la mano al ingenuo Maximiliano hasta que lo forzó a aceptar el trono de México, creando ese siniestro precedente internacional contenido en la Convención de Miramar, que obliga al país invadido a pagar los costos de la invasión. Sujetó a Maximiliano, aprovechándose de que era un gobernante indeciso y más que propenso a las utopías seudoliberales, con los grilletes que le impusieron todos los asesores militares, políticos y financieros que le mandó desde Francia. Al poco tiempo fue apretando los grilletes hasta que en un acto de desesperación y cuando ya era demasiado tarde, el agobiado archiduque de Habsburgo e iluso emperador de México, acabó poniendo a sus pies el anhelado protectorado francés en Sonora con el bono añadido de los derechos de tránsito a perpetuidad por el istmo de Tehuantepec, altamente codiciado, desde 1848, por los Estados Unidos. Por eso resultaba de un cinismo sin par que ahora, cuando se hallaba en la encrucijada de tener que enfrentar a la marina estadounidense en el golfo de México y a Bismarck al norte de la propia Francia, simplemente se desentendiera de los compromisos adquiridos con los emperadores mexicanos y pretendiera ignorar a Carlota como si se tratara de un bicho malsano, para ahorrarse las justas reclamaciones que había venido a formularle.

Estas reflexiones me llevaron a la convicción de que Luis Napoleón no era tan cínico como pretendía aparentar, pues acumulaba graves cargos de conciencia, así como posiblemente una muy íntima frustración, por haberse lanzado a la aventura mexicana, cobijado por los poderes casi absolutos que disfrutaba, sin medir las consecuencias de dos gravísimos problemas que ahora tenía frente a sus anchas fosas nasales: la emergencia de los Estados Unidos de su guerra civil con un mayor poderío bélico, combinada con el creciente e incontenible militarismo prusiano. Muy tarde se estaba dando cuenta de que el primer problema hacía del todo insostenible la presencia francesa en México y de que el segundo no solamente afectaba el siempre frágil equilibrio europeo sino que ponía a Francia en peligro mortal.

Colocado en semejante tesitura, el gesto de este también desfalleciente emperador de visitar a la cada día más agitada Carlota en el Grand Hotel para continuar con una conversación que de antemano se sabía que no llegaría a nada, solamente puede explicarse como un pálido intento de descargar su atribulada conciencia.

Niños y locas suelen decir verdades

En la segunda entrevista solamente estuvimos presentes la señora Del Barrio y yo. Los chambelanes se consideraron redundantes e, ignoro si por olvido o con toda intención, el embajador Almonte no fue convocado por la emperatriz.

Carlota empezó quejándose con tono paranoico.

—Debéis saber, Sire, que desde mi llegada a Francia he estado acosada por todos ustedes hasta perder la razón, como ocurrió el otro día en vuestro palacio de Saint Cloud.

Eugenia, que vestía de amazona y que despedía de su imperial persona ese tufo peculiar que solemos asociar con quienes se acaban de bajar del caballo, decidió terciar:

—No hay ninguna razón para ello, *Charlotte Amélie*. En París todo el mundo te quiere. Por eso lo mejor sería que por un tiempo te olvidaras de los asuntos de México y mejor te ocuparas de tu salud y de tus nervios, que hasta vahídos te están provocando.

—Muchas gracias, Eugenia. Mi salud y mis nervios están perfectamente bien. Pero Sire, Vuestra Alteza Imperial debe estar informado de los desaires malintencionados que he recibido desde que pisé Francia.

—¿Desaires, Su Majestad?

Luis Napoleón habló con sus ojillos de párpados inflamados, nuevamente entrecerrados.

—Sí, desaires, Sire, que ahora comprendo que se me hicieron con malas intenciones. ¡Dejadme continuar, Eugenia! El prefecto de Saint Nazaire izó en la alcaldía una horrible bandera peruana en vez del pabellón imperial mexicano. En Nântes recibí un telegrama de Vuestra Alteza Imperial pidiéndome, es más, casi ordenándome, que me fuera a Bélgica con mi familia, ignorando que si enfrenté los peligros de cruzar el océano no fue para hacer una visita familiar sino para tratar directamente con usted graves asuntos de Estado aquí en París y no en Bruselas. Al llegar nadie me recibió y no fui alojada en Las Tullerías, como corresponde a mi dignidad imperial, por ser nieta nada menos que de Luis Felipe, rey legítimo de Francia. Si esos no son desaires mal intencionados, entonces no sé qué lo sea.

Napoleón III emergió del sillón en el que se hallaba medio hundido y sin abrir los ojos por completo, respondió:

—Vuestra Majestad haría bien en entender que lo que usted ve como malas intenciones son simples errores humanos. El prefecto de Saint Nazaire es un funcionario ignorante de provincia que con grandes trabajos apenas alcanza a reconocer la bandera francesa. Si izó una bandera peruana fue porque no tuvo ninguna otra a la mano. Si envié a Nântes el telegrama que tanto parece haberos ofendido fue porque en esos días estaba en Vichy, curándome de los males renales que me aquejan. Mis delegados son unos imbéciles que se equivocaron de estación y que ya fueron castigados por su torpeza. Las Tullerías se encuentran en reparación, por lo que no las juzgué en condiciones de ofreceros las comodidades que estáis disfrutando en la suite imperial del mejor hotel de Europa. Espero que estas explicaciones os dejen satisfecha.

Carlota, nuevamente presa de una gran excitación, casi no le dejó terminar para prorrumpir en una nueva serie de recriminaciones.

—¿Qué me decís de la supuesta gloria y grandeza de Francia? ¿Cómo es posible que la nación más poderosa de la Tierra abandone en esa forma a sus más fieles aliados? Todo por la avaricia de no seguir gastando en un país que tiene las riquezas suficientes para pagar diez veces vuestra inversión. Por si eso no bastara, traigo conmigo el protocolo secreto firmado por Max mediante el que se compromete a abandonar a la fracción liberal del partido conservador mexicano para afrancesar su gobierno.

Luis Napoleón se mesó los cabellos, bastante ralos por cierto, y con voz cansina, respondió:

—El otro día en Saint Cloud fui bastante claro con Su Alteza. Las finanzas del Imperio mexicano son un verdadero desastre y vuestro augusto esposo no solo es incapaz de poner una semblanza de orden sino que nos abruma con incontables exigencias y reclamaciones. México se ha vuelto un pozo sin fondo para el tesoro imperial de Francia. Por eso, aquí y ahora, en presencia de los tres ministros más importantes de mi Consejo Imperial, os lo ratifico de una vez por todas: Francia ya no gastará en México ni un hombre, ni un franco.

La boca de Carlota, redonda, roja y carnosa cual permanente invitación a un beso, se abrió denotando incredulidad. De los ojos verde claro salieron flamazos de cólera y la voz resonó hasta la plaza de la Ópera:

—Si ya se lo decía a Max. No hay que confiarnos de estos advenedizos. Usted, Sire, un hijo bastardo porque su madre, la reina Hortensia, no toleraba la presencia pestilente de su padre, el cornudo Luis Bonaparte, que desde que tuvo un ataque de tuberculosis vivió con un ganglio asqueroso que le deformó cuello y brazo izquierdo, y por ello siempre le resultó repugnante. Por eso Hortensia tuvo muchos amantes, entre ellos mi padre Leopoldo de Bélgica, cuando llegó a Francia con el ejército ruso como teniente de los coraceros de la emperatriz María Feodorovna.

Napoleón III, que ya debía haber escuchado esa historia muchas veces, hizo un gesto de aburrida indiferencia, pero Eugenia se irguió con fiera expresión.

—¡Miren quién habla! Toda la nobleza europea sabe muy bien que tu padre, Leopoldo, venía a París a buscar prostitutas de no más de dieciséis años cuando él tenía sesenta, que se pintaba las cejas, poniéndose *rouge* en los cachetes para verse menos viejo y decrépito. Eso sin hablar de tu suegra, la archiduquesa Sofía, mejor conocida en las cortes de Europa como "Madame Putifar".

Carlota no fue lejos por la respuesta:

—Eugenia, qué me reprochas a mí, si eres hija de un traficante de vinos y de una ramera que se acostaba con Hidalgo, uno de los advenedizos que viajaron a Europa a ofrecernos el trono de México a Max y a mí. De sobra sé que en Sevilla tu madre y tu hermana jugaban a montarse en Hidalgo y que después él se montaba a tu madre en la cama.

La serenísima emperatriz de Francia perdió los estribos y casi gritó:

—¡Mi padre descendía de la nobleza escocesa! Y en cuanto a mi madre, ella jamás habría condescendido en tomar como amante a un pobre diablo como Hidalgo. Más te vale que te tragues esa horrible calumnia.

Pero la emperatriz de México, encarrerada en el frenesí de sus ataques, ya no entendía razones.

—Todo el mundo sabe que tu marido, Eugenia, es un infiel que te engaña abiertamente con Marianne de Waleswka y con la condesa de Castiglione, por mencionar a las dos más conocidas. ¿Sabes por qué te es infiel? Porque eres una mujer frígida que no encuentra ningún placer en desvestirse y prefiere dedicarse a coleccionar el más grande guardarropa de Europa.

La respuesta de Eugenia de Montijo fue glacial:

—Ya que hablamos de frigideces, sería bueno que nos aclararas por qué Maximiliano no hace vida conyugal contigo. No, no digas nada. No hace ninguna falta. Yo lo sé muy bien. Max es un hombre muy limpio que se baña todos los días. En cambio tú eres una mujer sucia. Le das asco. Por eso no te toca y siempre duerme en otra habitación, lo más lejos que puede de ti.

Pero a Carlota no había forma de pararla.

—Además, ya sé por qué quieren deshacerse de Max. Porque él es el verdadero Napoleón III, hijo de

Napoleón II, el rey de Roma, que embarazó a mi suegra la archiduquesa Sofía cuando estuvo desterrado en la corte austriaca después de la caída de su padre. Eso nadie lo puede negar pues de sobra se sabe que el marido de Sofía, el archiduque Francisco Carlos, era idiota e impotente. Por eso ahora Luis Napoleón quiere acabar con Max, porque teme que le reclame el trono de Francia para el Imperio mexicano. Y eso no lo puede tolerar el Mefistófeles de Europa, la encarnación de la Bestia bíblica.

La acusación era gravísima. Niños y locas suelen decir verdades. Montijo intentó una débil réplica:

—¿Y qué decir de la familia de tu madre, insensata *Charlotte*? Los Orleans no son más que unos advenedizos impostores que se han pasado mendigando tronos en Europa.

—Mientes, hipócrita. De no ser por mi abuelo Luis Felipe, Francia jamás habría conquistado Argelia. En cambio mira a tu consorte temblando en México ante los Estados Unidos y aquí ante Bismarck.

Las sábanas especialmente cochinas de la rancia y reciente aristocracia europea fueron así groseramente arrastradas por las gruesas alfombras de la suite imperial del Grand Hotel.

Napoleón III trató de dar por terminada la tormentosa entrevista. No tuvo tiempo. Casi de un salto, Carlota abandonó el sillón en cuyo filo había estado sentada todo el tiempo y, sin voltearlo a ver, a grandes e indignadas zancadas, se dirigió a sus aposentos privados seguida por la angustiada señora Del Barrio.

Cuando los emperadores de Francia y sus tres ministros abandonaron pausadamente la *suite*, no tuve más alternativa que inclinar respetuosamente la cabeza.

Siguieron cuatro días de absoluto silencio por parte del gobierno francés. Sin embargo, eso no significó reposo alguno para nuestra bienamada emperatriz. Fue entonces cuando irrumpió en el Grand Hotel Alicia Iturbide, madre del pequeño Agustín, nieto del primer fallido emperador de México, Agustín de Iturbide, al que Maximiliano, consciente de que no iba a tener hijos con Carlota (por sifilítico o por impotente o por el asco que los hábitos higiénicos de ella le producían) había adoptado para proclamarlo heredero de su imperio y así "mexicanizarlo" a futuro. Maximiliano, que en las sesiones del Consejo Imperial me dio la impresión de ser un individuo bienintencionado pero irremisiblemente torpe, ingenuo y perversamente convencido de su "divina misión" en la tierra (cualidades dignas de un buen padre de familia y hasta del titular de un curato de provincias, pero nunca de un buen gobernante), tuvo la peregrina idea de considerar que uno de los nietos de Iturbide, también de nombre Agustín, debía ser, por no sé qué extrañas razones dinásticas que no fue capaz de explicar con mediana coherencia, el legítimo heredero del trono de México.

Alicia, que vivía exiliada en Estados Unidos tras el efímero y convulso periodo de diez meses durante los que su padre ejerció como emperador de México, sabedora del inminente desplome de la herencia de su hijo gracias a la prensa local, había viajado a París con la intención de recuperar al pequeño Agustín y obtener, de ser posible, una segunda compensación por "el sacrificio" al que se había visto obligada. (La primera, desde luego, fue la que recibió cuando decidió dar a su hijo en adopción.)

La hija de Iturbide no era más que una cínica, digna hija de su padre, dispuesta a lucrar con la custodia de su vástago. Aunque ingresó a la *suite* imperial llena de ínfulas y de falsos lamentos por la "crueldad" con la que el pequeño Agustín había sido arrancado de su seno, Carlota, con sus modos autoritarios, la altivez de su trato y el temple inapelable de su voz, en menos de cinco minutos la puso en su sitio. Simplemente le dijo que podría pasar por su hijo al castillo de Chapultepec cuando reembolsara al tesoro imperial mexicano las sumas de dinero que había recibido por el reconocimiento de los derechos dinásticos del niño. Acto seguido, la despidió sin apelación posible.

Al séptimo y bíblico día de espera recibí una esquela del ministro de Asuntos Exteriores, Drouin de Lhuys, invitándome a conversar al día siguiente en su despacho del Quai D'Orsay.

DE CÓMO SE CONVENCIÓ CARLOTA DE VISITAR EL VATICANO

El elegante, amplio y exquisitamente amueblado despacho del ministro Lhuys, de enormes ventanales que miraban al Sena, fue el escenario de la plática informal que, desde mi muy personal opinión, marcaría el destino del Imperio mexicano.

Lhuys, como ahora lo recuerdo, era un individuo de aproximadamente cincuenta años, de mediana estatura, ligeramente robusto, pelo blanco y abundantes patillas que le caían a los costados del rostro como aguaceros de canas. Ese día vestía levita gris, chaleco a juego, camisa blanca de cuello duro y corbata negra de dogal de doble vuelta. En la solapa lucía el emblema de la Legión de Honor.

Afable y ceremonioso, me indicó que tomara asiento frente a él en una salita al lado de la gran chimenea que el calor del verano mantenía apagada. Parecía ser un hombre muy ocupado, por lo que inmediatamente entró en materia.

—Permítame decirle, señor viceministro, que soy un decidido partidario del imperio que usted tan dignamente representa, pues estoy convencido de que el protectorado en Sonora y la posible construcción de una vía marítima a través del istmo de Tehuantepec constituyen inmejorables oportunidades para el engrandecimiento de Francia.

Para reponerme de la sorpresa que estas inesperadas palabras me causaron, decidí que lo mejor era ponerlas en tela de juicio para ver si se sostenían.

—Su Excelencia es muy gentil, pero mucho me temo que Su Alteza Imperial Napoleón III, no ha dejado lugar a dudas en lo tocante a que Francia no está en posición de dar a México ni un *écu*, ni un soldado más. ¿O estoy en un error?

—Sí y no. Sí porque la militarización de la frontera prusiana definitivamente nos obliga a repatriar las fuerzas que tenemos en México, y no, porque las concesiones que el emperador Maximiliano al fin parece dispuesto a darnos en Sonora y Tehuantepec ofrecen un aliciente para sostener financieramente al Imperio mexicano por los próximos quince años, cuando menos. Inclusive pienso que el financiamiento puede obtenerse mediante una emisión especial de bonos del tesoro imperial francés colocada entre los empresarios interesados.

A pesar de lo halagüeño del panorama la ecuación seguía sin cuadrarme. No era lógico que un ministro, por importante que fuera, contradijera en forma tan evidente y abierta a su emperador. Por eso pregunté:

—¿Y los Estados Unidos?

—¡Ah! Su Excelencia acaba de poner el dedo en la llaga, porque los Estados Unidos son un serio problema para nosotros. Acabo de recibir una nota diplomática firmada por el embajador Thurlow Weed, que contiene las instrucciones expresas del secretario de Estado William H. Seward, quien nos advierte que si para enero del año próximo las tropas francesas no han abandonado territorio mexicano, la marina estadounidense ocupará todos los puertos del golfo de México que den abrigo a navíos franceses. Desafortunadamente se trata de una seria advertencia, porque debe usted recordar que al inicio de la guerra de Secesión, los texanos votaron, por margen de tres a uno, unirse a los estados confederados del sur y eso, a los ojos de los alarmistas que abundan en Washington, abre las puertas para que ahora Texas decida incorporarse al Imperio mexicano. Además, no debemos olvidar que Austria tuvo que desistir del envío de cuatro mil voluntarios a México ante las amenazas bélicas de Seward.

—Entonces, Excelencia, me parece que no entiendo vuestra postura.

—Falta de imaginación, mi querido viceministro. Todo tiene una salida. Si retiramos nuestra Marina y nuestro Ejército de México matamos dos pájaros de una sola pedrada: recuperamos el poderío necesario para resistir a Bismarck, satisfaciendo al mismo tiempo la nota diplomática estadounidense. Pero eso no significa que debamos retirar de México los ocho mil voluntarios que integran la legión extranjera, porque son eso, voluntarios, no tropas regulares. Si a ese cuerpo ustedes le suman las tropas mexicanas que recluten, vuestro imperio podrá sostenerse hasta que empiecen a fluir las inversiones francesas en Sonora y Tehuantepec. ¿Qué me dice?

Impresionado por la habilidad política y por el entusiasmo que Lhuys estaba desplegando, pero todavía con ciertas reservas mentales, repuse:

—Si Su Excelencia es capaz de ratificarme todo lo anterior mediante una nota diplomática susceptible de ser elevada a rango de tratado internacional en un plazo breve, desde ahora puedo asegurarle que Sus Altezas Imperiales estarán en la mejor disposición de considerar la formalización de semejante pacto.

Lhuys me miró con sus ojos hundidos y penetrantes, se pasó la mano derecha por su blanca cabeza y con voz seria y pausada contestó:

—No tan de prisa, señor viceministro. La proposición que acabo de formularos está sujeta a un condicionamiento previo. Antes de pensar en formalizarla tenéis que concertar y poner en práctica un concordato con el Estado Vaticano para garantizar a la Iglesia mexicana la recuperación de los cuantiosos bienes que le fueron confiscados por el gobierno de Juárez, terminando además con la indefinición del emperador Maximiliano respecto a cuestiones tan fundamentales como la libertad de cultos, la educación laica y el matrimonio civil.

En ese momento creí adivinar hacia dónde pretendía dirigirse Lhuys: hacer de México un protectorado francés con la previa bendición del Vaticano. Por eso, con toda intención, le dije:

—Su Excelencia, no alcanzo a comprender lo que una cuestión tenga que ver con la otra.

Lhuys pegó un ligero respingo en su sillón y de inmediato me respondió:

—Pero excelentísimo señor, todo está muy claro. Hasta un niño lo vería. Para que Francia pueda mantener en México una legión extranjera de ocho mil hombres que garanticen nuestras futuras inversiones y Washington se incomode lo menos posible, Francia debe contar con un aliado poderoso en Europa. Ese es el papel del Vaticano, que aunque no dispone de grandes armadas, tiene un enorme peso moral y espiritual. Además, mediante semejante concordato, los empresarios franceses, todos ellos devotos católicos, se sentirán más inclinados a invertir en México. Más claro no puede estar.

Sin embargo, yo seguía sin ver claro, puesto que para empezar, en Francia, desde los tiempos de Napoleón I, había libertad de cultos, educación laica, matrimonio civil y hasta divorcio, sin contar con que la influencia "moral y espiritual" del Vaticano sobre los protestantes prusianos y yanquis era prácticamente nula. No obstante, la propuesta de Drouin de Lhuys abría una ventana de esperanza a nuestra cada vez más perturbada emperatriz. Eso me obligaba a seguir adelante con este peculiar ajedrez diplomático.

—Estoy enteramente de acuerdo. Informaré de inmediato a la emperatriz y lo mantendré al tanto de cualquier decisión que ella tome.

Lhuys se frotó las manos con entusiasmo. Al despedirme, me dijo sin darle la menor importancia:

—Yo rogaría a Su Excelencia que le transmitiera a la emperatriz Carlota el deseo de nuestro emperador de poner de inmediato a vuestra disposición el tren imperial para que viajéis con todo lujo y comodidad a Roma, en donde nuestro representante diplomático ya tiene preparada para vosotros una audiencia privada con el papa Pío Nono.

La entrevista que esa misma tarde sostuve con Carlota resultó de lo más extraña. Por una parte, entendió perfectamente todo lo que le relaté, y además me hizo una serie de preguntas bastantes perspicaces. Incluso se dio cuenta de algo que pasé por completo: que Drouin de Lhuys no nos había dado ningún tipo de garantías para el caso de que el gobierno de los Estados Unidos considerara como un acto hostil la permanencia en México de los ocho mil voluntarios de la legión extranjera después del retiro de las tropas regulares al mando del mariscal Bazaine. Pero al fin arribó a la misma conclusión: nuestra última esperanza radicaba en el Vaticano.

Por desgracia, esa lucidez se vio interrumpida más de una vez por un obsesivo pensamiento que, sin control, brotaba de su subconsciente a la superficie de nuestra conversación:

—Es preciso que la señora Del Barrio pruebe primero todo lo que me sirvan en el tren imperial. Estoy segura de que Napoleón y Eugenia me quieren envenenar para que no revele a Su Santidad ciertas verdades incómodas. La naranjada emponzoñada de Saint Cloud fue tan solo el primer intento.

La sola posibilidad de que en el tren napoleónico súbitamente apareciera envenenado un macaco con crinolinas, me hizo estremecer.

A la mañana siguiente partimos en el tren imperial con destino a Roma. Tres semanas más tarde, Drouin de Lhuys renunció irrevocablemente al Ministerio de

Asuntos Exteriores. Todo había sido una ingeniosa tram-
pa diplomática urdida por el mefistofélico Napoleón III
para alejarnos de París ingenuamente impulsados por
falsas expectativas vaticanas.

Una noche en la Biblioteca Vaticana
Roma, agosto-septiembre de 1866

EL CAMPESINO Y EL ORGANILLERO

El trayecto de París a Roma duró tres días, ya que las paradas fueron breves, siempre contando con la máxima preferencia en el derecho de vía y en los puntos de abastecimiento. Fue una grata experiencia ver pasar por las ventanillas, en rápida sucesión, los paisajes pintorescos de las campiñas francesa e italiana envueltas en la bruma cálida y vaporosa de ese verano tardío.

La emperatriz permaneció todo el tiempo encerrada en su vagón privado sin admitir más compañía que la señora Del Barrio, su camarera mayor, Matilde Doblinger y el doctor Bohuslaveck, enviado de Viena cuando se supo la noticia de su súbito desmayo en el palacio de Saint Cloud. Aunque según doña María Manuela del Barrio, Carlota había pasado la mayor parte del tiempo escribiendo largas cartas a Maximiliano que parecieron tranquilizar su agitado espíritu, dos incidentes en las estaciones de Villa d'Este y Padua fueron claras premoniciones de lo que ocurriría tanto en Roma como en la Ciudad del Vaticano.

En Villa d'Este acusó a un inocente campesino de ser el general Almonte disfrazado que, por órdenes de Luis Napoleón, la seguía desde París para matarla a balazos. Este incidente me permitió comprender por qué Almonte, a pesar de ser el embajador de México en Francia, no fue requerido para la reunión que sostuvimos en la

91

suite imperial del Grand Hotel: Carlota sospechaba que el resentido se estaba desempeñando no como el representante del Imperio mexicano, sino como un doble agente al servicio del emperador de los franceses. El tiempo me demostraría que nuestra emperatriz no andaba tan errada en sus sospechas. No en balde el informe confidencial entregado al Consejo Imperial dos años atrás identificaba a Almonte como un sujeto "frío y vengativo".

En Padua, a pesar de la graciosa recepción que le brindó el rey de Italia, quien viajó ex profeso desde Rovigo, creyó advertir la presencia del coronel Paulino de la Madrid, enemigo político de Maximiliano que, según ella, había viajado hasta ese lugar, disfrazado de organillero, con el único propósito de envenenarla. Esta vez se trató de una completa alucinación.

Los primeros días en Roma me hicieron recordar lo que había leído en las *Memorias* del más lúcido de los ideólogos de la independencia nacional, el pintoresco, sufrido y andariego Fray Servando Teresa de Mier, que al igual que yo, al visitar, sesenta años atrás, la llamada "ciudad eterna", llegó a la conclusión de que Roma es fea, sucia y enredada, que está impregnada de un aire infecto y que los italianos viven entre perfidias y engaños envueltos en cortesías, exageraciones, tratamientos y superlativos, que llevan a elevar a las categorías de "ilustrísimo" y "excelencia" a casi cualquier pelagatos que ande medianamente bien vestido.

A pesar de los aromas fétidos que emanaban de las retorcidas callejuelas, de la suciedad que permeaba el agua de las fuentes y de los insistentes y enredosos italianos cuyo único oficio en la vida consistía en "collonar", es decir, engañar para sacar dinero a cuanto ingenuo encontraban en las calles, admiré sin reservas y con entusiasmo sus grandes monumentos: el Coliseo, las Columnas de Antonio y Trajano, los arcos del triunfo de Septimio Severo, de Tito y de Constantino, modelos para los arcos del triunfo del Carrusel y de L'Etoile que engalanan los jardines de Las Tullerías y los Campos Elíseos en París;

así como el Panteón, monumental edificio que alberga los restos de uno de los constructores del Renacimiento, Rafael Sanzio, "el pintor de las bellas y del amor".

Non possumus

Pío Nono nos recibió en la Biblioteca Vaticana una calurosa mañana de septiembre. Contra lo que se ha dicho por lo que ocurrió en la segunda, y forzada, visita de Carlota, en esa primera ocasión se trató de una audiencia formal sujeta al protocolo y a la rígida etiqueta de la corte papal.

Carlota se presentó vestida de negro, con mantilla también negra cubriéndole la cabeza, de rosario y misal en las manos. Lo mismo hizo la diminuta señora Del Barrio, que esta vez dejó las crinolinas en nuestro hotel, el Albergo di Roma. Los caballeros, condes del Valle de Orizaba y de Bombelles y yo, nos ataviamos de riguroso frac y nos tocamos el pecho con crucifijos de la mexicana plata de Taxco, extraída de las minas descubiertas por don José de la Borda, el creador de los lujuriantes jardines de Cuernavaca que ahora servían de reposo de fin de semana a los extenuantes esfuerzos de nuestro emperador Maximiliano de Habsburgo y México.

Pío Nono nos recibió acompañado del secretario de Estado, el cardenal Antonelli, de su secretario privado, monseñor Pacca y del comandante de la Guardia Suiza, coronel Bossi. Se procedió al protocolario intercambio de regalos. Carlota hizo entrega al papa de un corazón de oro macizo que simbolizaba a María Santísima y que llevaba grabada la leyenda *Carlotta Imperatrice del Messico* así, en italiano. Por su parte, Pío Nono le obsequió a nuestra emperatriz una cajita de plata con incrustaciones de oro y marfil que guardaba un rosario con la bendición papal.

En estricto apego a la etiqueta vaticana, Pío Nono y Carlota se sentaron en altas sillas de terciopelo rojo que tenían grabadas en hilos de oro el escudo pontificio, después de que todos y cada uno de nosotros, la emperatriz incluida, nos inclinamos para besar levemente el anillo del pescador y nos hincamos para su bendición.

Pío Nono conversó afablemente con Carlota, interesándose por su salud, así como por el estado de la Iglesia en México, "tan perseguida estos últimos años por los liberales de uno y otro bando". La emperatriz le contestó con puras fórmulas de cortesía, aunque aprovechó la oblicua referencia que Su Santidad había hecho al presunto bando liberal de Maximiliano para decirle que traía con ella una propuesta de concordato que, estaba segura, sería del infinito agrado de Su Santidad, en virtud de que estaba destinada a aliviar todas las penas y persecuciones que la Iglesia había padecido en México a causa de las ideas republicanas (esto lo dijo con el evidente propósito de disociar a la monarquía de los principios de la reforma liberal) y que de manera especial incluía la restitución de todas las propiedades que los juaristas le habían confiscado al clero.

Pío Nono sonrió ligeramente, volteó a ver al cardenal Antonelli que estaba parado a su lado, acarició el pectoral de oro que colgaba de su blanca casaca, y sin comprometerse a nada, simplemente contestó:

—Nos place.

Carlota se animó visiblemente. Las mejillas se le colorearon y con voz que denotaba una ligera ansiedad apenas contenida, siguió diciendo que aunque Su Santidad podía considerar el concordato como un hecho consumado, existía otro grave problema que solamente podía ser solucionado con el enorme influjo espiritual y político que la Santa Sede ejercía sobre Francia: era preciso obligar a Luis Napoleón a sostener el trono de

95

México con el ejército y el apoyo financiero francés, hasta que dicho trono se consolidara, ya que de otra suerte Maximiliano tendría que abdicar ante el empuje de las armas juaristas, sostenidas y financiadas por los Estados Unidos, lo que inevitablemente ocasionaría que el protestantismo se apoderara de un enorme país pleno de riquezas, que hasta ese entonces había sido eminentemente católico.

Los argumentos de Carlota resultaban impecables para quien no estuviera al tanto de la delicada situación del Estado Vaticano en 1866. Por supuesto que era deber del Sumo Pontífice obligar al mayor imperio católico del mundo, Francia, a defender a un país católico como México, contra los embates de una poderosa república protestante. Pero la defensa del catolicismo tenía que empezar en Europa antes de involucrarse en los avatares del lejano continente americano. En la misma Italia, Pío Nono (que ya había perdido los Estados Pontificios fuera de Roma y que vivía refugiado en la sede vaticana con el apoyo de las bayonetas francesas) se veía acosado por el impulso liberal y anticlerical de los camisas rojas de Garibaldi, a los que el único que realmente les inspiraba temor era precisamente Napoleón III. Pero además, Bismarck y el militarismo prusiano tenían que ser detenidos por el emperador en la misma frontera norte de Francia, toda vez que de no ser así, "el demonio con cañones Krupp" muy bien podía convertirse en un segundo Atila capaz de sitiar las puertas del Vaticano.

Por lo tanto, la Santa Sede estaba igual de interesada en que Napoleón repatriara sus tropas de inmediato a Francia, porque antes que las tribulaciones de los católicos mexicanos estaba la sobrevivencia del Vaticano. Dentro de semejante contexto, lo planteado por Carlota era inaceptable por muchos generosos concordatos que ofreciera.

Por otra parte, la aparente sumisión de Carlota y Maximiliano estaba más forzada por el adverso entorno político y militar en que se hallaban que por un afán de sincera reconciliación con la Iglesia, y eso era algo que el papa no podía darse el lujo de ignorar. Si apenas dos años atrás esas mismas concesiones le hubieran sido otorgadas al nuncio apostólico, monseñor Meglia, Pío Nono se habría erigido en el más ardiente defensor de los emperadores. Desafortunadamente, en 1864, Maximiliano, iluso e incompetente, estaba contaminado por el credo liberal; y la ambiciosa y despótica Carlota no había tenido mejor idea que arrojar a Meglia por las ventanas de Chapultepec cuando les pidió lo mismo que ahora ofrecían en forma por demás tardía. El papa tampoco podía ignorar que la emperatriz públicamente lo había llamado *"iettatore"*, dando entender que asunto que tocaba lo pudría. En síntesis, este extemporáneo sometimiento a la Madre Iglesia, además de sonar falso y zalamero, carecía de relevancia ante el creciente deterioro de la situación política europea.

El rostro mofletudo y bonachón de Pío Nono se veló para dar paso a los rasgos que lo hacían intolerante y decisivo en los momentos de prueba. Por algo había llegado a papa sabiendo sortear las refinadas trampas de la peor de las políticas: la negra, la de sotana, cerrado y sacristía. Así, en su cara fulguró una mirada de águila, la nariz se puso altiva, el mentón alzado y la boca implacable, cuando con voz estentórea, de misa pontifical, pronunció la sentencia inapelable y fulminante soportada por el poder inconmensurable de quien es venerado como el Sumo Pontífice cristiano:

—*Non possumus*. No podemos.

¿Por qué se manifiesta la locura? ¿A consecuencia de una acumulación de ansiedades y traumas que se vienen arrastrando desde la niñez? ¿O bien a causa de una sucesión de golpes que en una época determinada propina la vida, y que al acabar con todos los proyectos, ilusiones y esperanzas, hacen que todo carezca de sentido y de razón de ser, forzando a la mente a hundirse en esa lunática laguna de la razón retardada y privada de raciocinio, como una simple, y hasta lógica, vía de escape de una realidad que no se puede tolerar?

Aunque en ese preciso instante pensé que era lo segundo y que la Carlota que había insinuado el deterioro de sus facultades mentales desde hace tiempo (en el Paso del Macho, al embarcarse en Veracruz, rebotando cual pelota en los colchones del *Impératrice Eugénie*; ante la alcaldía de Saint Nazaire; al rechazar el vaso de naranjada en el palacio de Saint Cloud; al descubrir a Almonte disfrazado de campesino en Villa d'Este y al creer que el intrigante coronel Paulino de la Madrid se le había aparecido vestido de organillero en Padua para envenenarla) por fin había perdido para siempre la razón al comprender, en un último y lúcido tramo, que el dogmático *Non possumus* era la sentencia de muerte del imperio que ella había construido forzando al débil y vacilante Maximiliano a aceptar el trono de México, ahora, teniendo como mudos testigos los folios preciosamente empastados que guardan tesoros y secretos de más de diecinueve siglos de cristiandad, al fin entendía que sus artificios de mujer llamada a gobernar los pueblos que Dios pusiera a su disposición en cumplimiento de ese mandato divino con el que la ungiera su padre (ese déspota medianamente ilustrado que engrandeció Bélgica y reguló las cortes europeas a costa de esclavizar medio continente africano) se habían hecho añicos ante la perfidia de un *parvenu* de dudosos orígenes, casado, para mayor agravio, con la frígida hija de una conocida ramera sevillana; y ante los intereses, dogmáticos e implacables, de la Iglesia Vaticana, una institución que actúa en perversos términos de eternidad.

Quizá consciente por última vez de las culpas, negligencias e insolencias sin fin que arrastraba; acaso inmersa en la tragedia política que hacía que su ambición naufragara, Carlota, pálida, enteramente vestida de negro, como una madona virreinal, de esas que abundan en el convento de Tepozotlán, se desplomó a los pies de Pío Nono, calzados con las armas del Vaticano, y en un aullido de dolor exclamó:

—¡Santísimo Padre, tengo miedo: Luis Napoleón y Eugenia me han envenenado!

Entre el coronel Bossi y monseñor Pacca (cuyo rostro ardía de cólera ante el inaudito espectáculo de una joven y aristocrática mujer abrazada a las piernas de Su Santidad) la levantaron, y con el apoyo de tres fornidos guardias suizos la llevaron a su carruaje, mientras doña María Manuela del Barrio trataba de aplicarle en vano las sales inglesas que le regalaran en el palacio de Saint Cloud, el día aquel del ahora célebre desmayo.

EL NÉCTAR DE LOS DIOSES

Lo ocurrido en los dos días siguientes no me tocó presenciarlo. Es más, después de la infausta audiencia papal sólo alcancé a ver a Carlota de lejos y por breves instantes. Por lo tanto, lo que narro a continuación proviene de las historias que, ya estando en Viena, con gran calma me platicó la señora Del Barrio.

Muy temprano, en la mañana posterior al día de nuestra audiencia, vestida de negro y sin más compañía que la fiel y devota María Manuela del Barrio, Carlota se presentó a las puertas del Vaticano. A base de gritos, amenazas, empellones y valida de esa altivez irresistible que su sangre real le brindaba, logró abrirse camino hasta los aposentos de Pío Nono, que desayunaba acompañado de su secretario privado.

Con gran cortesía el papa la invitó a tomar asiento frente a él y ordenó que le sirvieran chocolate caliente y bizcochos. Doña María Manuela no pudo seguir la conversación porque esta se desarrolló en italiano salpicado de francés, pero lo que sí recuerda es que fue muy agitada, con algunos tintes de violencia y con una marcada insensatez por parte de nuestra ya no tan augusta emperatriz. Ante la insistencia de Su Santidad de que se tranquilizara y que mejor tomara el chocolate que, según decían, era considerado por los mexicanos como el néctar de los dioses, Carlota, con mirada de posesa, se abalanzó sobre el tazón del Sumo Pontífice y metió tres dedos en el chocolate papal. Luego se los chupó, argumentando al representante de Dios en la tierra que ese era el único chocolate que probaría porque el que le habían servido estaba envenenado.

Monseñor Pacca, ardiendo en indignación por la afrenta que esta malvada mujer (para Pacca, como para la gran mayoría de los monseñores, la hembra es el receptáculo del mal y del pecado) había hecho a los sagrados alimentos del no menos sagrado papa, y con la ayuda de tres guardias suizos, condujo a Carlota a los jardines vaticanos en donde logró tranquilizarla con la promesa de que el secretario de Estado, el cardenal Antonelli, almorzaría con ella esa misma tarde.

A lo largo de tres horas Carlota y su dama deambularon por los jardines pontificios. La emperatriz murmuraba obscenidades y recriminaciones a sus abundantes enemigos y hasta a su "tesoro adorado" Maximiliano, por indeciso, falto de carácter e inclusive por generoso. Cuando tuvo sed, no se le ocurrió otra idea que la de beber el agua de las fuentes vaticanas directamente del cuenco de su mano derecha. Alarmada por semejante indiscreción, Del Barrio mandó pedir un vaso. La emperatriz, partiendo del absurdo que desde ese momento se volvería dogma, se negó a tomarlo aduciendo que estaba envenenado. Únicamente cuando el coronel Bossi le aseguró que el vaso (de fino cristal de Murano) venía directamente de las cocinas de Su Santidad accedió a usarlo, pero eso sí, no antes de que su acompañante lo lavara cuidadosamente en su presencia.

Cuando fueron conducidas al comedor privado del cardenal Antonelli, Carlota se negó a probar bocado, a menos de que fuera del mismo plato de doña María Manuela y de que esta última probara primero los guisos para que en caso de que estuvieran emponzoñados, a las múltiples sotanas envenenadas que reposan en las catacumbas de la basílica de San Pedro se sumaran, por primera vez en la historia, unas crinolinas mexicanas.

Al parecer Carlota habló sin parar. Del Barrio creyó entender que abrumó al indiferente cardenal con grandes reproches sobre la perfidia de Luis Napoleón y Eugenia (de quien se expresó de una manera que solo se puede calificar de rabiosa porque en los no tan lejanos tiempos de fiestas, saraos y desfiles en París, casi la había convencido de que era su "amiga del alma") así como sobre la negativa de Su Santidad para acudir en auxilio de sus humildes ovejas mexicanas, que con dulces y sencillas palabras les habían manifestado a ella y a Max su indeclinable devoción cristiana en incontables ocasiones. La palabra "traición" no se le cayó de la boca y lo menos que dijo fue que Napoleón III, además de ser el "Mefistófeles de Europa" era "el principio del mal en el mundo" y "la Bestia bíblica encarnada".

Antonelli contestó con monosílabos, prestando más atención a los guisos y al excelente vino tinto que a las quejas desvariadas de la emperatriz de México. Al final reiteró el implacable *non possumus*, ofreciéndose a escoltar a Carlota al Albergo di Roma.

Pero la emperatriz ya se encontraba en las garras de la demencia. Reaccionó con ferocidad a la idea de tener que abandonar el Vaticano, gritando a los cuatro vientos que el Albergo di Roma estaba rodeado de envenenadores mandados, en conjunto, por Bazaine, Almonte, Juárez y los inevitables Luis Napoleón y Eugenia de Montijo, y pidió ser llevada ante Pío Nono para solicitarle asilo en el Vaticano.

Antonelli, temiendo nuevas histerias e indiscreciones indignas de la sagrada persona del Sumo Pontífice, le pidió que aguardara en la biblioteca pontificia, por supuesto junto a doña María Manuela del Barrio.

A Carlota y su acompañante les llegó la noche rodeadas de incunables resguardados por vitrinas de pesadas cerraduras. Es de suponerse que Pío Nono, Antonelli y Pacca conversaron largamente sobre cómo extraer a Carlota de la ciudad del Vaticano sin ocasionar nuevos escándalos y desdoros a la dignidad del solio pontificio.

Todo parece indicar que llegaron a la conclusión de que no había otra alternativa que la de permitir que Carlota y su acompañante pasaran la noche en la biblioteca papal para dejar que el nuevo día les trajera ideas frescas que les permitieran desembarazarse de esta pesada cruz llegada del otro lado del Atlántico.

A Pacca y al coronel Bossi les fue asignada la delicada tarea de ubicar dos elegantes camas al centro de la histórica biblioteca en unión de dos bacinicas de blanca porcelana y de un lavamanos, así como de proveer a las indeseables visitantes de rosarios, misales y veladoras, a fin de que pasaran la noche en las mejores condiciones posibles.

Tiempo después supe que el escandaloso y mojigato de Pacca se anduvo quejando de la "terrible herejía" que significó el que por vez primera en la historia vaticana dos mujeres no pertenecientes al estado religioso hubieran pasado toda una noche en la Santa Sede. Pacca andaba bastante mal informado, pues el papa renacentista Alejandro VI (primero Borja como español y después Borgia como italiano) había inundado el Vaticano de bellas doncellas disfrazadas de pajecitos para su disfrute personal y el de los integrantes de su curia romana, que pasaban, con la mayor naturalidad del mundo, de las ceremonias apostólicas a las orgías.

Mejor un gato que la Del Barrio

Carlota y la señora Del Barrio despertaron con los primeros rayos del sol que se filtraron entre los espesos cortinajes de la Biblioteca Vaticana. Al recobrar la conciencia (¿o la inconsciencia?) la emperatriz, al parecer con gritos desgarradores, volvió a solicitar que Pío Nono la recibiera para pedirle asilo definitivo en la Santa Sede. Fue gracias a una tesonera, diplomática y paciente labor, que entre el cardenal Antonelli y monseñor Pacca la convencieron de que, en representación de Su Santidad, acudiera al orfanato de San Vicente de Paul, ubicado fuera del territorio de la Santa Sede, para proporcionarle consuelo a las religiosas y pupilas que ahí laboraban bajo el patronato del solio pontificio. Después de grandes esfuerzos, la treta funcionó y los dos prelados lograron el objetivo que seguramente les había trazado el Sumo Pontífice.

Alrededor del mediodía, la emperatriz de México, con ojos de enajenada, recorrió las dependencias del orfanato. Al llegar a la cocina, la ecónoma la animó a que probara el puchero para que pudiera informarle a Pío Nono sobre la buena calidad de la comida que ahí se servía a las desdichadas expósitas romanas. Al serle ofrecida la cuchara de madera, Carlota notó que estaba sucia y prorrumpió en el grito ya acostumbrado de "¡Me quieren envenenar!", y sin más metió el brazo derecho, con todo y la manga negra con pespuntes de Bruselas, en la olla hirviendo. Fue tal el dolor que la ahora patética y desvalida mujer se desmayó. Mientras la horrorizada señora Del Barrio trataba de aplicarle de nueva cuenta las sales milagrosas que se había traído desde Saint Cloud y pedía a gritos un ungüento y unas vendas, el comandante de la Guardia Vaticana, el coronel Bossi, que fungía de escolta instruido por el cardenal Antonelli, y quizás hasta por el mismísimo Pío Nono, aprovechó la coyuntura para mandar traer a unos enfermeros que, armados de una camisa de fuerza, amarraron el torso de la desmayada y hasta ese preciso instante augusta emperatriz, y la trasladaron en vilo a su carruaje.

A las puertas del Albergo di Roma Carlota recuperó el sentido y se puso a aullar diciendo que tenía que regresar al Vaticano para vivir bajo la eterna protección de Su Santidad, pues en el Albergo la esperaba una banda de asesinos y envenenadores entre los que incluyó, por vez primera, a Otto von Bismarck. Bossi, sabiéndose fuera de los sacrosantos recintos del palacio pontificio, ya no se anduvo con contemplaciones y ordenó a los enfermeros que, a rastras, la depositaran en la *suite* imperial del hotel, haciendo caso omiso de los desfallecientes sollozos y ruegos de la señora Del Barrio.

Siguieron unos días que sólo puedo calificar de patético desconcierto. Carlota, sin quitarse su quemado y desgarrado vestido negro, vagó por las calles sucias y malolientes de Roma, desde luego con la señora Del Barrio colgada de sus faldas, sin más sustento que el agua contaminada de las fuentes que bebía del vaso extraído de las cocinas vaticanas. Cuando requirió de algo más sólido, ordenó que le llevaran unas gallinas a la *suite* imperial para alimentarse exclusivamente de los huevos que ponían ante sus ojos. Días más tarde se hartó de la dieta y para ingerir otra clase de viandas se hizo de los servicios de un gato con el fin de cerciorarse que no le serían suministrados platillos envenenados. Dentro de los absurdos de esa insania desbocada, se trató de un acto de caridad cristiana, puesto que en caso de que en verdad alguien hubiera tratado de asesinarla, el muerto habría sido el gato y no la inocente señora Del Barrio.

A fines de septiembre el delirio de persecución llegó a tal extremo que la desventurada emperatriz ya no confió ni en las gallinas ni en el gato, y volvió a vagar por las calles de Roma para procurarse comida con las castañas y naranjas que adquiría de los vendedores callejeros y del agua puerca de las fuentes vaciada en el vaso papal, que para entonces ya mostraba algunas costras de moho y mugre.

Según me contó la afligida señora Del Barrio, fue por esos días cuando "doña Carlotita" le escribió a Maximiliano una carta plagada de barbaridades. Cito algunas perlas: "Max, tesoro entrañablemente amado, me despido de ti porque voy a morir muy pronto envenenada por nuestros enemigos. Te lego toda mi fortuna y mis joyas. Mi última voluntad es que a mi cuerpo no se le haga autopsia y que se me entierre en la basílica de San Pedro, lo más cerca posible de la tumba del apóstol". "La República es una madrastra como el protestantismo". "Tú tienes el imperio más hermoso del mundo". "Austria tiene sus dominios, México heredará el poderío".

Después dejó de escribir porque llegó a la conclusión de que el manguillo, la pluma y hasta la tinta estaban emponzoñados con estricnina.

Fue por esos días cuando pude echar un vistazo a la suite imperial del Albergo di Roma. En los dos años anteriores disfruté, en repetidas oportunidades, de la siempre bellísima presencia de Su Alteza en los saraos del castillo de Chapultepec, y en las recepciones diplomáticas en el palacio imperial. Por eso fue una impresión que jamás olvidaré asomarme a la pretendida *suite* imperial y percibirla olorosa a mierda de gallinas y a orines de gato. Los elegantes muebles y las suntuosas alfombras estaban sucias y manchadas sin remedio. Y la emperatriz, recluida a gatas en un rincón, toda chamagosa y despeinada, pues también había llegado a la conclusión de que las puntas de carey de sus peines y peinetas estaban envenenadas, examinaba minuciosamente unas cáscaras de naranja para averiguar si las habían inyectado con estricnina. A su lado, la sufrida señora Del Barrio hacía calceta para matar el cada vez más insondable tiempo.

Esos días de fines de septiembre y principios de octubre del inauspicioso año de 1866 estuvieron plagados de incertidumbres. ¿Qué sería de Carlota? ¿La repatriarían a México para tratar de curar sus males en las aguas termales de Ixtapan de la Sal, o bien para que siguiera presidiendo una corte de ilusos en el castillo de Chapultepec? ¿Se reintegraría a la corte de Bélgica, bajo la tutela de sus hermanos, pero ya sin la amorosa y posesiva protección de su célebre padre, el rey Leopoldo, fallecido con la conciencia atiborrada de los genocidios sistemáticos que puso en marcha en el África central? ¿Sería recibida en la corte del Imperio austrohúngaro, en donde se rumoraba que el emperador Francisco José no quería de vuelta a su hermano Maximiliano, el fracasado emperador de México y renegado archiduque austriaco? Y lo más importante para nosotros, ¿qué sería de la reducida comitiva mexicana toda vez que, para prontas providencias, los chambelanes conde de Bombelles y conde del Valle de Orizaba habían tenido que esconderse en una villa de la Toscana, en unión del médico austriaco Bohuslaveck y de su esposa, porque nuestra bienamada emperatriz, en uno de sus delirios, los había denunciado a la policía, por formar parte de la vasta conspiración encaminada a asesinarla?

108

No teniendo nada mejor que hacer, para paliar mi ánimo abrumado por la decepción y la incertidumbre, me dediqué a recorrer Roma. Visité los monumentos que mencioné con anterioridad, así como el palacio y los jardines de la villa Borghese, que en esos deprimentes días se convirtieron en un remanso del bullicio de la ciudad, de mis sufridas cavilaciones políticas y hasta del aire fétido.

Admirando sus salones, refrescándome en sus fuentes de agua más limpia que la de las otras fuentes romanas, recordé lo que había leído sobre la más célebre de todos los habitantes de la villa, Paulina Bonaparte, hermana menor del gran Corso cuyas glorias pretendía emular ahora esa caricatura enana que se hacía llamar Napoleón III, casada en segundas nupcias (ya que su primer marido, el general Leclerc, sucumbió a los rigores de la fiebre amarilla en Haití tras lograr enviar a Francia cargado de cadenas al "Bonaparte negro", el líder independentista Toussaint L'Ouverture, consumando así la pesadilla revolucionaria francesa de colonizar el Caribe mediante la acción conjunta de la Declaración de los Derechos del Hombre y la guillotina) con el riquísimo, atontado y medio mujeril príncipe italiano Camilo Borghese. Paulina reinó en los salones y jardines de la fastuosa villa como soberana de la frivolidad, el dispendio y la promiscuidad, haciendo cumplido honor a la bien merecida fama de "cortesanas coronadas" que disfrutaban en toda Europa las hermanas Bonaparte.

Ante la impotencia e incapacidad de su feminoide esposo, Paulina llevó una vida de escándalo tomando amante tras amante. Sin duda el más célebre de todos fue un pintor menor, discípulo de Jacques Louis David (autor del monumental óleo de la coronación de Napoleón el Grande en Notre Dame de París que se puede admirar en el ala Dennon del Museo del Louvre) que llevó el rimbombante nombre de Nicolás Philippe Augusto de Forbin. Pero no se piense que la celebridad de Forbin obedeció a sus cualidades artísticas, bastante menores, sino a una peculiaridad física que probablemente haya sido la causa de la temprana muerte de Paulina, de cáncer del útero, cuando tan solo contaba con cuarenta y cinco años.

Recuerdo haber leído que la princesa Borghese tuvo que someterse a un largo y penoso tratamiento para intentar curarse, al parecer en vano, de una aguda y prolongada inflamación vaginal, causada por lo que peyorativamente se describió como una fricción excesiva producida por el señor de Forbin que, en el órgano de copulación, "presentaba un gigantismo muy difícil de eliminar".

En esos días tuve ocasión de conocer, casi en persona, a la deliciosa y depravada Paulina Bonaparte de Borghese. En uno de los pabellones de la villa era posible admirar la escultura venusina que de ella hiciera Antonio Canova, el humilde hijo de albañiles que gracias a la protección que le dispensara el papa Clemente XIV, llegara a ser el escultor más renombrado de su tiempo y marqués de Ischia.

En el mármol de Canova, Paulina, con el peinado y la nariz de una patricia romana, luce como una permanente invitación a la lujuria, gracias a la perfección voluptuosa y redonda de sus senos que, sin sentirlo, provocan una sensación de gozosa intimidad que se funde en su vientre un tanto grueso pero carnalmente incitante. Es un monumento como para llevárselo a casa y rendirle cotidiana pleitesía en el altar de las diosas del amor profano.

Un Catón de pacotilla

Mis divagaciones romanas me llevaron a pensar en el miserable de José María Gutiérrez Estrada, ese Catón de pacotilla que tanto influyera en la decisión de Maximiliano de Habsburgo de aceptar el trono de México, que casi de inmediato se le volviera más espinoso que los nopales que verdean el valle de Anáhuac.

Con rabia recordé aquella mañana del 3 de octubre de 1863, cuando formé parte de la ilusa comitiva que en el salón del trono del castillo de Miramar le ofreció el Imperio mexicano al insensato archiduque (*archidupe*, architonto, como lo llamaron algunos periódicos franceses) encabezada por Gutiérrez Estrada, que con su negra levita de alpaca rematada por la típica corbata de dogal anudada en forma de cruz y con su rostro insolente y agrio, no encontró mejor forma de convencer al inepto morador de ese hermoso castillo dotado de una señorial biblioteca de seis mil volúmenes, que denigrar soezmente a México, país que, merced al sudor y a la miseria de sus esclavos henequeneros, lo había hecho insultantemente rico.

Imposible olvidar lo que el arrogante yucateco dijo en ese ahora infausto día: "Nacido en un país de funesto porvenir, sinónimo de desolación y ruina, presa de instituciones republicanas que son un manantial incesante de las más crueles desventuras, presento la

111

corona del Imperio mexicano que el pueblo, en el pleno y legítimo ejercicio de su voluntad y soberanía por medio de un decreto solemne de los notables ratificado por tantas provincias y que lo será pronto, según todo lo anuncia, por la nación entera, y con la esperanza de que por fin para México luzca la aurora de tiempos dichosos, presenta la corona al digno vástago de la esclarecida e ínclita dinastía que entre sus glorias cuenta haber llevado la civilización cristiana al propio suelo en el que se aspira a que él, Maximiliano de Habsburgo, a quien tan altas prendas ha dispensado el cielo con manos pródigas, hombre de rara abnegación que es el privilegio de los hombres destinados a gobernar, y con él su augusta esposa, tan distinguida también por sus altísimas prendas y su ejemplar virtud, funden, en este siglo XIX por tantos títulos memorable, el orden y la verdadera libertad, frutos felices de esa civilización misma".

Tres años después, estas rimbombantes palabras plagadas de adjetivos pero carentes de sintaxis, sonaban huecas y perversas. La nación mexicana no había ratificado a Maximiliano y Carlota como emperadores, porque el Estado como organización política ni siquiera se había acabado de configurar. Las actas que se le presentaron a Maximiliano estaban amañadas, ya que un pueblo pobre, mayoritariamente analfabeta y partidario de la pereza y de ponerse a tronar cohetes a la menor provocación, lo mismo votaría por Maximiliano que por Benito Juárez o por el gran turco, si así se lo ordenaban sus patrones y capataces.

Además, ¿a qué venía la vesania de pretender que los destinos de una nación convulsionada por la discordia generada por incontables guerras y guerritas civiles y por la fatalidad geográfica de encontrarse a merced de la implacable gravitación política yanqui, se rigiera por los ucases de una "Asamblea de Notables" que ni siquiera se representaban a sí mismos y que habían sido combatidos sin tregua, desde 1825 por lo menos, por los discípulos liberales del primer embajador yanqui, Joel R. Poinsett, el mismo cuyo apellido sirvió para transformar en "poinsettia" la bella y dulce flor mexicana de Nochebuena?

Dicen que a la vejez viruelas, y eso es cierto en más de un sentido. Escribo estas líneas, como ya lo tengo dicho, en 1907, cuando para mi sorpresa ya he rebasado las siete décadas de vida y todo parece indicar que los años en vez de hacerme todavía más conservador de lo que fui en juventud, me han vuelto más liberal de lo que jamás me atreví a pensar. Si de algo sirven estas reflexiones retrospectivas es para hacerme entender que el germen de mi credo liberal se encuentra en esas todavía calurosas jornadas de meditación en los jardines de la villa Borghese en los inicios del otoño de 1866.

No niego la cruz de mi parroquia. Siempre fui miembro activo del partido conservador porque consideré que era el único capaz de traer una semblanza de orden y progreso a un país devastado por la insidia estadounidense que, entre 1847 y 1848, nos arrebató, por hipócritas maquinaciones moralistas que ni siquiera figuran en sus puritanos libros de historia, más de la mitad del territorio que heredamos de España; y porque pensé que el conservadurismo mantendría y acrecentaría la herencia humanista y religiosa del Virreinato. Por eso consideré un honor desempeñarme como viceministro de Asuntos Exteriores del imperio, al imaginarlo como una posible barrera ante el insolente expansionismo gringo.

Pero todas mis convicciones se derrumbaron entre Saint Cloud y el Vaticano, en virtud de que no era lo suficientemente idiota y obstinado como para no darme cuenta de que los conservadores no habíamos hecho otra cosa que pretender cambiar un yugo por otro. El protocolo secreto de Almonte con su protectorado en Sonora y los derechos de tránsito a perpetuidad en el istmo de Tehuantepec, resultaban, a mi juicio, todavía más traicioneros y abyectos que el Tratado McLane–Ocampo que tanto le reprocharon y le siguen reprochando al gobierno liberal del presidente Benito Juárez.

En la encrucijada política y geográfica en la que México se encontraba en esos tiempos, la preponderancia yanqui resultaba mucho más tolerable que un protectorado francés. Por odioso y difícil que sea decirlo, Estados Unidos nos aportó instituciones republicanas, tolerancia religiosa y los rudimentos de un, todavía incipiente, progreso técnico y científico. En cambio Francia, regida por ese tiranuelo ridículo con cara de perico trasnochado e insostenibles delirios napoleónicos, ¿qué nos habría aportado? ¿Una política de tierras arrasadas, esclavos étnicos y extracción indiscriminada de todas las riquezas disponibles, como sucedió años después en Indochina y en buena parte del continente africano? ¿El renovado predominio de esa Iglesia católica dogmática e inquisitorial, capaz de engendrar pontífices como Pío Nono, más preocupados por defender su posición política y sus privilegios terrenales que por la defensa y la propagación de la fe? ¿Una entelequia política disfrazada de monarquía europea que se habría hecho trizas ante el incontenible avance del destino manifiesto cuyo publicista Hearst, en este año del señor de 1907, sigue pidiendo que se plante la bandera de las barras y las estrellas, "todo el camino", hasta llegar al istmo de Panamá?

Los años y mi fracasada carrera política me hicieron ver que, por paradójico que nos parezca a los que una vez pregonamos el credo conservador, la revolución juarista contribuyó a forjar la identidad nacional y al nacimiento de un Estado mexicano moderno y mucho mejor preparado (con todo y nuestras ancestrales pobreza y marginación) para enfrentar los embates del naciente siglo XX, que una seudomonarquía sostenida por las bayonetas francesas y encabezada por un inepto y flojo más interesado en cazar mariposas y mariposillas que en gobernar, y por una engañosa mujer cuyo porte aristocrático y su mirada lejana e inaccesible solo servían de parapeto para ocultar los desvaríos de una joven alma trastocada por la ambición y la intransigencia.

Todo esto me lo trajeron a la mente no solo los repentinos ataques de locura de Carlota, por lo demás previsibles, sino el recuerdo del bellaco de Gutiérrez Estrada, uno de los artífices de la derrota, ya prácticamente histórica, del partido conservador mexicano.

Seco, agrio, adusto e inflexible en sus ideas que sostenía como si fueran dogmas derivados de la infalibilidad papal, e incapaz de dar marcha atrás en sus posiciones políticas (el muy imbécil se creía, y no es broma, "el Catón mexicano"), Gutiérrez Estrada buscaba nada menos que el regreso al régimen de fueros, privilegios y absolutismo militar-eclesiástico que prevaleciera en la Colonia, a fin de convertir en realidad el axioma de su mesías político, el padre de la reacción mexicana, Lucas Alamán, que quería que la "teocracia reinara en todas partes".

Gutiérrez Estrada no actuaba así por arraigadas convicciones filosóficas, lo que en todo caso sería respetable y hasta digno de encomio, sino que detrás de todo había un poderoso trasfondo económico. Como ya lo tengo asentado, Gutiérrez Estrada se enriqueció sin medida a costa del sudor y la agonía de sus esclavos henequeneros, a los que podía explotar gracias al apoyo financiero de la Iglesia. Trataré de explicarme.

Desde los tiempos de la Colonia y hasta la reforma liberal de 1861, el clero fue el dueño de las dos terceras partes de la superficie productiva que hay en México. Eso hizo de la Iglesia no solo la terrateniente por excelencia, sino también la única banquera del país, lo que le permitió establecer un singular sistema de financiamiento bautizado con el hipócrita nombre de "capitales impuestos sobre fundaciones piadosas", que consistía en el otorgamiento de préstamos a largo plazo a los terratenientes seglares con garantía hipotecaria sobre sus fincas, para que invirtieran el producto de los créditos en el cultivo y mejoramiento de sus tierras sin más obligación que la de pagar un módico rédito del nueve por ciento anual. La suerte principal y las hipotecas rara vez se redimían, puesto que como ya lo he señalado, la Iglesia es una institución que tiene la presunción de actuar en términos de eternidad y, por lo tanto, gracias a esta desmedida presunción, los terratenientes mexicanos vivían como señores feudales: a costillas de sus siervos y aliados con la Iglesia.

El triunfo juarista en la guerra de Reforma dio al traste con el negocio. Por eso los personeros de la reacción no tuvieron otra alternativa que la de mendigar la corona de un supuesto Imperio mexicano que les restituyera sus inicuos privilegios en las cortes europeas, hasta que se toparon con las ansias expansionistas de Luis Napoleón, la ingenuidad del castellano de Miramar y las ambiciones grandilocuentes (tal vez derivadas de su vientre insatisfecho) de Carlota.

Fue por eso que Gutiérrez Estrada apareció aquel fatídico 3 de octubre de 1863 en el salón del trono que mira al mar Adriático y proclamó, entre ditirambos propios de un Catón del trópico yucateco, a Maximiliano y Carlota legítimos emperadores de México, sin tener el valor civil de decirles toda la verdad. Acto en el cual, tengo que confesarlo, fungí cual convidado de piedra.

Pero el largo tiro nos salió por la estrecha culata. Maximiliano resultó un liberal a medias, y más que eso un inepto y un soñador de folletín romántico con ciertos rasgos de subrepticia perversidad, mientras que Carlota se convirtió de inmediato en una autócrata cuya inmadura inteligencia se fue desequilibrando conforme se presentaban las contrariedades. Y el mariscal Bazaine, brazo armado de Luis Napoleón, en un cesarito cruel, incompetente, intrigante, insidioso y arrogante.

Gutiérrez Estrada muy pronto se dio cuenta de que el Imperio mexicano por el que tanto había luchado no pondría en práctica sus anhelos teocráticos. Al contrario, Maximiliano, para desmayo e indignación del adalid de la reacción mexicana, dejó en suspenso la restitución de los bienes del clero, sujetó las bulas papales al *exequátur* imperial, buscó un arreglo con Benito Juárez y hasta un acercamiento con el gobierno protestante de los Estados Unidos. El nuncio apostólico, monseñor Meglia, amenazado de defenestración por Carlota, prefirió regresar a Roma.

Gutiérrez Estrada en poco tiempo se desesperó y sin dejar de blandir el látigo, a través de sus capataces embrutecidos por el aguardiente de caña, sobre los infelices lomos de sus peones henequeneros, se fue a Roma, donde adquirió nada menos que el señorial palacio Marescotti y contrajo nupcias con una estirada condesa austriaca para consolarse de la viudez en la que lo había dejado al morir la madre de nuestra virtuosa dama de compañía: doña María Manuela Gutiérrez del Barrio, marquesa del Apartado.

La miseria moral de Gutiérrez Estrada se puso de manifiesto en los nefastos días en los que la emperatriz Carlota languidecía, entre las últimas briznas de su cordura, en la *suite* imperial por ella convertida en gallinero del Albergo di Roma. El personero que con gestos de supuesta grandeza y frases pretendidamente excelsas, apenas tres años atrás, para inducirla a viajar a México, la había llamado "augusta esposa de altísimas prendas y ejemplar virtud", ni siquiera quiso desperdiciar diez minutos de su irrelevante tiempo en preguntar por su salud.

A esa y otras reflexiones que sería largo consignar aquí me llevaron los largos paseos que me vi forzado a dar en los jardines, el palacio y los pabellones en donde medio siglo atrás la desinhibida erotómana Paulina Bonaparte, alguna vez de Borghese, escandalizara a las buenas conciencias de la corte papal.

El invernadero de la locura

El *impasse* político y diplomático en el que vivíamos llegó a su fin el 7 de octubre con el arribo, tras frenéticas consultas entre las cancillerías francesa, belga, vaticana y austriaca, del conde de Flandes, hermano de nuestra todavía emperatriz. Las instrucciones eran inapelables:

El conde de Flandes, en el tren imperial de Luis Napoleón, que así seguía tratando de descargar su conciencia, trasladaría a su hermana hasta el Gartenhaus (pabellón privado e invernadero del castillo de Miramar), en el que Carlota permanecería hasta nuevo aviso.

Los denunciados por la emperatriz a la policía italiana serían repatriados a costa del tesoro francés: el doctor Bohuslaveck y su esposa a Viena, los condes del Valle de Orizaba y de Bombelles a México, aunque este último acabaría quedándose en su nativa Austria y el primero terminaría sus días entre Madrid y Sevilla, muy lejos de su luminoso palacio de Los Azulejos que, andando el tiempo, se convertiría en la sede del Jockey Club de los lechuguinos que prosperaron al amparo del largo gobierno del general Porfirio Díaz.

La señora Del Barrio y la camarera mayor Matilde Doblinger, acompañarían a Carlota hasta dejarla convenientemente instalada en el Gartenhaus de Miramar.

Y yo me trasladaría a Viena para recibir unos correos confidenciales que debería entregar en propia mano al emperador Maximiliano en México.

Al abordar el tren pude ver de lejos a la emperatriz, con el rostro oculto por un velo que le cubría el rostro y coronada por un sombrero de ala ancha que le caía sobre la frente, cuando subía al vagón privado conducida por el conde de Flandes, alto, desgarbado, rubio y de nariz pronunciada. Se alejó de mi vista cual sombra que alguna vez hubiera cruzado las terrazas del castillo de Chapultepec en una de esas horas muertas en las que la luz transparente que alumbra el bosque y los volcanes se empieza a desvanecer entre los nacientes vapores de un cálido anochecer.

Fue la última vez que vi a Carlota.

La carne de los dioses
Viena-París, octubre-diciembre de 1866

No fuera a ser el diablo

En Viena fui alojado, como correspondía a mi rango, en el lujoso y muy bien situado hotel Sacher, cuyos reposteros son responsables de la tarta de chocolate mundialmente conocida como *Sacher Torte*.

Los primeros días los pasé en soledad, sin otra ocupación que recibir las protocolarias visitas del oficial mayor de la cancillería austriaca, el conde de Esterházy, pariente de un ayudante de campo o asesor del emperador Maximiliano y miembro de la distinguida familia que, en la cercana población de Eisenstadt, poseía un bello palacio barroco del siglo XVIII, cuyo músico de cámara fuera durante algún tiempo el célebre compositor Franz Joseph Haydn. Visitas en las que con la fría cortesía austriaca se inquiría sobre mi salud y se me daban sucintos consejos para hacer de mi estancia en Viena una experiencia placentera, pero en las que nada se me decía acerca de los misteriosos correos confidenciales que debería llevar a México.

Sin nada en que ocupar mi tiempo me dediqué a escribir largas y amorosas cartas a Rosario, a la que ya consideraba como mi prometida. También me dediqué a pasear por Viena.

Después de la delicada belleza geométrica de París y de la bulliciosa suciedad de Roma, Viena me pareció un remanso. Según la recuerdo ahora, la ciudad es señorial, de anchas avenidas, hermosos parques e imponentes edificios. Digna capital de un gran imperio.

He oído decir que la ociosidad es la madre de todos los vicios. En mi caso, resultó ser la madre de todos los morbos. Aburrido de escalar el campanario de la catedral de San Esteban desde el que se tiene una vista magnífica de la ciudad, de los bosques circunvecinos y del Danubio azul; de visitar palacios y monumentos y de recorrer los seis kilómetros que separan la ciudad del palacio de Schönbrunn cuyos enormes jardines están coronados por un singular pabellón neoclásico, un buen día me dio por visitar la cripta del convento de los Capuchinos, sitio de descanso eterno para los Habsburgo.

Como un año después ahí reposarían los restos (en un sarcófago de acero al que le grabaron una mezcla de águila bicéfala y águila mexicana) de Fernando Maximiliano José, emperador de México, archiduque de Austria y príncipe de Lorena, Hungría y Bohemia, me siento en la obligación de narrar aquí mis impresiones.

El lugar es oscuro y helado y, por así decirlo, en él se percibe el hálito de la muerte. La cámara principal me pareció grotescamente grandiosa. Al centro se ubica un túmulo gordo y elevado, decorado con barrocas figuras de ángeles y querubines que guarda lo que queda del cadáver de la emperatriz María Teresa (la tatarabuela de Max que consolidara en su largo reinado de más de cuarenta años la grandeza del Imperio austrohúngaro) cuya efigie, a la que el artista pretendió darle una imagen entre autoritaria y benevolente, se alza al centro del cofre en actitud de querer dirigir el mundo.

El túmulo mayor aparece rodeado por una multitud de sarcófagos de diversos tamaños que conservan los restos de variados miembros de las casas de Austria y de Lorena, también del mismo color gris acero que el de María Teresa y provistos de toda suerte de barrocos ángeles y querubines en actitud de querer emprender el vuelo rumbo al paraíso. Los diminutos sarcófagos de los Habsburgo que fallecieron en la infancia me resultaron deprimentes.

De la cámara principal se sale por un largo pasadizo iluminado por vacilantes veladoras, pletórico de sarcófagos y nichos que expresan en latín los nombres así como los títulos que los difuntos llevaron en vida. Ahí, en obligado recuerdo de lo que acababa de escuchar en la *suite* imperial del Grand Hotel de París, me detuve ante el sarcófago de bronce destinado al duque de Reichstadt y rey de Roma, el hijo de Napoleón I y la archiduquesa María Luisa de Austria, de quien Carlota dijera a Luis Napoleón y a Eugenia que era el verdadero padre de Maximiliano y que, por lo tanto, el emperador de México, en calidad de auténtico Napoleón III, pronto viajaría a Europa a reclamar para sí el trono de Francia.

El sarcófago es más bien modesto (sobre todo si se le compara con el esplendor del túmulo de la bisabuela María Teresa) y como se ubica a uno de los costados del pasillo, hay que tener la suerte de detenerse para descubrirlo. La vida del que hubiera sido Napoleón II fue, como quería Hobbes, "breve y brutal". A la caída de su padre en Waterloo fue retenido en la corte austriaca en calidad de prisionero de facto. Los hechos más notables de su corta vida parecen haber sido una estrecha y bastante sospechosa intimidad con la archiduquesa Sofía (madre del futuro emperador Francisco José y de su hermano, nuestro bienamado Maximiliano), casada, según creo recordar, con un príncipe de sangre imperial, el archiduque Francisco Carlos, de dudosa virilidad y fama de medio imbécil; así como el envenenamiento progresivo al que lo sometió en la flor de la juventud hasta causarle la muerte el famoso canciller Clemens von Metternich, que en unión de la Convención de Viena de 1815 restableció el equilibrio europeo después de las guerras napoleónicas, y pasó a la historia por la descripción que hiciera del café vienés: "dulce como el amor, negro como el pecado y caliente como la pasión".

Desde luego, la actitud de Metternich, que algunos han calificado de "perversamente siniestra", tuvo su razón de ser: el rey de Roma y duque de Reichstadt, en manos francesas, muy bien podía haberse erigido en Napoleón II y haber reiniciado, con ánimos de renovada venganza, el ciclo de las guerras napoleónicas. Y si algún país sufrió con dichas guerras ese fue Austria. Por eso Metternich decidió liquidar la temible posibilidad mientras tuvo al joven Napoleón en sus manos. No fuera a ser el diablo, como decimos en México.

Mi impresión final de la cripta de los Capuchinos fue de tristeza y de una indefinible sensación de angustia. Presentí que pronto ahí reposaría el cada vez más acosado emperador de México. En verdad no lo sabía entonces, ni tenía manera de adivinarlo. Aspiro a terminar mis días como narrador de historias, no como vidente. El hecho es que salí de ese anfiteatro de calaveras coronadas con un ánimo reflexivo y melancólico. Además, el lugar olía a moho. Desde esa visita he asociado ese tufo con imágenes de soledad, olvido y muerte.

Diez días después, cuando el mes de octubre llegaba a su fin y el aire del Prater (parque de diversiones al que me aficioné tras mi poco agradable visita a la cripta de los Capuchinos) empezaba a calarme los huesos, el conde Esterházy me citó en su despacho del palacio imperial de Hoffburgo para una entrevista formal.

¿TAN FRÁGIL ES LA MENTE HUMANA?

Esterházy despachaba en una oscura aunque suntuosa oficina decorada por magníficos muebles traídos del palacio de Eisenstadt y situada en el entresuelo del palacio imperial, cerca de las caballerizas que albergan a los majestuosos lipizzanos de la Escuela Española de Equitación de Viena, que se precia de poseer los garañones más famosos del mundo. Así que no tuve ocasión de admirar los interiores del Hoffburgo, que ha sido descrito como el más imperial de todos los palacios europeos. La conversación fue breve y al punto.

Esterházy me hizo entrega de varios sobres lacrados que debía depositar en las manos del emperador y me indicó que al día siguiente debía platicar con el doctor Riedel que durante muchos años había sido el director del manicomio de Viena y que ahora atendía una consulta privada en la Kärntner Strasse. El doctor Riedel acababa de regresar de Miramar y, a decir de Esterházy, me haría algunas precisiones sobre el estado de salud de la emperatriz Carlota, que debía memorizar para repetirlas palabra por palabra al archiduque (así lo llamó) Maximiliano, en cuanto regresara a México.

Cuando le pregunté por el destino de la señora Del Barrio, me respondió que ignoraba quién era esa persona y me dio los buenos días.

La cancillería austriaca tenía una forma bastante ingeniosa, y para aquellos tiempos bastante moderna, de garantizar la inviolabilidad de los sellos imperiales, pues estos eran lacrados con una cera que incluía lo que ellos daban en llamar "el líquido mágico", que al ser aplicado por el destinatario disolvía el lacre de forma casi natural, de ahí lo mágico. En cambio, si los sellos habían sido violados y repuestos, el líquido producía una densa cortina de humo que podía significar para el mensajero la cárcel y hasta el paredón de fusilamiento. Por eso en el curso del mes y medio que aún me quedaba en Europa, procuré no tocar los sellos que en esa ocasión me entregara el seco, formal y aburrido Esterházy, que en nada hacía recordar a sus sofisticados antepasados que en la *kapelle* del palacio de Eisenstadt estrenaran las sinfonías, las misas, los oratorios y los divertimentos de Haydn.

Al día siguiente acudí puntual a la cita que tenía con el doctor Riedel, cuyo consultorio se encontraba en el céntrico paseo peatonal que de la catedral de San Esteban desemboca a la Ópera de Viena por esos días recién inaugurada bajo fuertes críticas de los vieneses que consideraron su diseño más propio de una estación de ferrocarril que de un palacio de la música.

Riedel me recibió en el estudio de su acogedora casa, amueblada al típico estilo vienés de pesadas alfombras, cortinajes, visillos de encaje, arañas de cristal cortado de Bohemia, mesas y escritorios recubiertos de paño verde, lámparas de pantallas de tela oscura con flecos dorados, además de la habitual profusión de caobas en puertas y mobiliario.

Tras poner a mi disposición una bandeja de plata con servicio de café y de acomodarme en un mullido diván recubierto de terciopelo rojo, el doctor Riedel entró en materia. La conversación tuvo lugar en francés.

—Debe saber, querido señor, que la archiduquesa Carlota Amalia padece un grave problema de enajenación mental. Acabo de pasar una semana en el castillo de

Miramar y después de largas conversaciones y de minuciosos reconocimientos, he llegado a la penosa conclusión de que sufre una forma de locura que es por completo irreversible y que, por desgracia, va a acompañarla durante todos los días que le queden de vida.

—¿Tan grave está?

—Me han informado que usted presenció los primeros síntomas. El vaso de naranjada en París, el gato y las gallinas en Roma. Los dedos en el tazón de chocolate del papa, el brazo en la cazuela hirviendo. Y como enajenación motriz, ese incontrolable delirio de persecución.

Como lo que me decía era cierto, me abstuve de precisar que no había presenciado lo del chocolate de Pío Nono y lo del puchero hirviendo, y me concreté a asentir con la cabeza.

—Entonces, verá que no se trata de un caso sencillo. He tratado de poner a disposición de la archiduquesa todos los recursos de la medicina moderna y las curas conocidas, pero ha sido en vano. Simplemente no reacciona. Se encuentra perdida en su propio mundo de dislates y delirios. Sus reacciones son cada vez más furiosas y amenazadoras. Ve asesinos y envenenadores en todas partes. Hasta las plantas exóticas que se conservan en el Gartenhaus tuvieron que ser trasplantadas a pesar del invierno que se avecina, porque su alteza asegura que fueron emponzoñadas por sus enemigos.

Con la garganta casi seca, pregunté:

—¿Ya no tiene siquiera momentos de lucidez?

—¡Oh! Pero sí los tiene, señor mío. El otro día que paseábamos por una de las terrazas desde las que se mira el Adriático, recordó con lujo de detalles el día en el que ella y su marido, el augusto señor archiduque, se embarcaron para México en la fragata *Novara*. Todo lo evocaba a la perfección: la chalupa de ocho remeros en uniforme de gala que los esperó en el muelle, los nombres de los buques que sirvieron de escolta a la *Novara*, los títulos de sus acompañantes, las lágrimas de su esposo cuando vio perderse a lo lejos su amado castillo de Miramar. Sin embargo, cuando me hablaba del canto premonitorio con el que les dieron serenata unos humildes pescadores italianos, "Maximiliano, no te fíes, retorna al castillo de Miramar", los ojos se le llenaron de lágrimas y, sin más, me propinó un violento empellón para echarse a correr gritando que el alfiler de mi corbata estaba emponzoñado y que había tratado de pincharla con él.

Mientras de nuevo movía la cabeza como si estuviera a punto de dar un pésame, tornaron a mi mente las imágenes de aquella fría y soleada mañana del 14 de abril de 1864 en la que me tocó formar parte, secundaria y discreta, de esa alegre e inocente comitiva que iba a llevar al primitivo México la luz de la cultura francesa y a fundar un imperio en la justicia austriaca. ¡Qué ingenuos y estúpidos fuimos aquella vez! ¿De qué nos sirvió pasearnos como mesías del Nuevo Mundo en los extensos y manicurados jardines de Miramar y en sus espléndidos salones de nombres evocadores si partíamos a echarnos de cabeza al pozo sin fin de la ingobernabilidad, la frivolidad, el dispendio, la duplicidad francesa y la preponderancia yanqui? ¿Habrían tenido acaso Maximiliano y Carlota alguna ligera idea de lo imposible que les resultaría gobernar un pueblo acostumbrado a la mano de hierro, a la perfidia y a la inmoralidad atávica de sus gobernantes, con los pétalos de rosa de la ilustración europea, el liberalismo trasnochado de nuevo cuño y el teórico derecho divino de los reyes?

Mis reflexiones fueron interrumpidas por la mirada inquisitiva e irónica que me clavó el doctor Riedel. Como si volviera de un lejano letargo, me serví una taza del cremoso café vienés, probé un pastelillo de chocolate y con voz de no haberme ausentado de la reunión, inquirí:

—¿Qué es entonces lo que debo informar a mi emperador?

Riedel se limpió los espejuelos en su corbata de lana y tras ajustarse el chaleco con la imprescindible leontina de oro, repuso:

—Aunque el diagnóstico que va incluido en los correos que ayer le entregó el conde de Esterházy explica los síntomas y el largo y penoso tratamiento a seguir, no está por demás ponerlo al tanto de mis conclusiones por si usted es interrogado en la corte de México. Después de todo es un testigo excepcional por haber acompañado a la archiduquesa a París y Roma. Así que tome cuidadosa nota de lo que le voy a decir a continuación —y con estudiada voz magisterial, añadió—: La archiduquesa padece lo que se denomina una psicosis maniaco-depresiva, caracterizada por frecuentes ataques de paranoia y esquizofrenia en los que se alteran la euforia y la melancolía. Es decir, en cuestión de segundos, pasa de la alegría insensata a las más negra de las depresiones. Esto, por supuesto, está íntimamente relacionado con la frustración que puede llegar a producir la realidad cuando se vuelve inaceptable. Al parecer la archiduquesa no tolera que el imperio que se construyó con lo que ella considera su propia fuerza de voluntad, se derrumbe por la falta de apoyo de las casas reales europeas a las que ella pertenece por derecho propio. Por esa razón prefiere atribuir el fracaso a una conspiración de fuerzas oscuras pobladas de demonios y envenenadores capaces de llegar a su mesa y a la intimidad misma de su alcoba. Desde luego, la realidad, por grave que sea, no debe llevar a nadie a semejante enajenación mental a menos que la paciente ya se encuentre predispuesta por situaciones que vienen desde la niñez. Eso me lleva a diagnosticar que Su Alteza Imperial debe haber mostrado desde niña tendencias maniaco-depresivas que no fueron evaluadas por las personas de su corte. Porque es de suponerse que alguien investido desde la cuna con poderes soberanos y derechos divinos se haya acostumbrado a vivir sin que nadie, ni siquiera en un ápice, contrariara su voluntad. Pero ahora que las cosas no han rodado como ella quería y, por el contrario, según sé, amenazan ruina y pérdida absoluta del poder, le ha brotado esa sensibilidad extrema que es propia de las gentes voluntariosas cuando la vida no corresponde a sus expectativas, y ha encontrado en los delirios paranoicos y esquizofrénicos un mecanismo de compensación que si bien trastorna por completo sus facultades mentales, le permite seguir viviendo, aunque sea en calidad de lunática casi incontrolable, ya que si vuelve por un periodo prolongado a la lucidez, su mente trastornada con toda probabilidad la llevaría al suicidio ante la imposibilidad manifiesta de lograr que un día la realidad vuelva a coincidir con el más caro de sus anhelos: ser una emperatriz poderosa y venerada.

El doctor me obligó a repetir varias veces este enredado diagnóstico hasta que se sintió seguro de que podía confiar en mi memoria.

Antes de despedirme, pregunté al aire:

—¿Tan frágil es la mente humana, doctor? ¿En verdad es posible que una sucesión de desilusiones, fracasos y contrariedades puedan llevar a la locura o al suicidio?

Riedel se miró las manos como si ahí se encontrara la respuesta al misterio que le estaba planteando. Tosió con moderación, jugueteó con una pipa apagada y con voz grave me contestó:

—¡Ah, querido amigo! Ni varias vidas dedicadas al estudio de la medicina combinada con la práctica de miles de casos clínicos alcanzarían para llegar a conocer, a profundidad, los complicados e insondables laberintos de las mentes del ser humano. Los médicos analistas elucubramos teorías e intentamos curas y tratamientos, pero siempre somos superados por esos recovecos diabólicos del cerebro que disparan el raciocinio y la conducta por los más inesperados caminos. El pensamiento, señor mío, es algo intangible que no se puede controlar con lavativas, sangrados o amputaciones. Es inasible y como tal escapa de nuestras manos y genera reacciones y comportamientos que, a veces, son imposibles de entender. Porque debe usted saber que los locos, en su fuero interno, se consideran más cuerdos que los demás, y las acciones disparatadas que nosotros pretendemos frenar sin otro recurso que una camisa de fuerza, a ellos les parecen lógicas y naturales en función de lo que les dictan sus mentes, que nosotros llamamos torcidas. En fin, si sigo así nunca voy a terminar. Lo importante en todo caso es que no olvide el diagnóstico que acaba de memorizar, porque estoy seguro de que le va a servir para hacer frente al diluvio de preguntas que le harán en la corte de México.

Este último comentario me abrió la puerta para tratar de extraer un poco más de información.

—En resumen, doctor, a las mentes simplistas que abundan en el Consejo Imperial mexicano puedo decirles que Su Alteza la emperatriz Carlota Amalia padece un trastorno mental severo e incurable, ocasionado por traumas que vienen de su niñez y que se agudizaron a causa de los reveses y desaires que sufrimos en París y el Vaticano. ¿Es esa una descripción correcta y sencilla de su diagnóstico?

Riedel pareció dudar y estuvo a punto de caer en un involuntario desliz.

—Sin embargo… *Malgré tout*. Existe otra causa que, en mi opinión, constituyó el detonante de todo. Pero, por ningún motivo, le repito, por ningún motivo, puedo decírsela.

—¿Por qué no, si debo informar a su esposo en persona?

—¡Ah, mi querido señor! Por la simple y sencilla razón de que se trata de algo tan inusual y escandaloso que altos cargos de la corte vienesa me han advertido que en caso de que mi diagnóstico se hiciera del dominio público, puedo olvidarme de mi carrera y reducirme a vivir en el ostracismo. Es algo que, como usted muy bien comprenderá, no me puedo permitir. Por eso lo mejor es guardar un prudente y estoico silencio. Además, he jurado absoluto secreto profesional y para un médico dicho secreto es más sagrado que el secreto sacerdotal de la confesión. De modo que limítese a repetir el diagnóstico que acaba de memorizar y absténgase de tratar de averiguar lo que no debe saber. Eso siempre será mejor para su carrera política y hasta para su salud. Adiós, querido señor.

POR ANDAR DE COSCOLINA

Cuando me encontraba preparando el viaje de regreso a México porque Esterházy, sin ambages, había dicho que mi presencia en Viena resultaba "superflua" y que lo que apremiaba era mi partida, recibí una nota informándome que en la recepción del hotel me esperaba nada menos que la señora Del Barrio y marquesa del Apartado.

Nos saludamos con la efusión propia de dos compatriotas y además compañeros de desgracia que, súbitamente, se encuentran muy lejos de su entorno habitual. Aquí debo decir que hasta ese día mi trato con la dama de la emperatriz había sido más bien superficial y hasta protocolario, alimentado además por el profundo desdén que me inspiraba su señor padre, el ultramontano Gutiérrez Estrada, por lo que no había tenido ocasión de descubrir que detrás de su apariencia de señora tradicionalista y reservada de la "buena sociedad" mexicana, se ocultaba una excelente calidad humana, así como un espíritu de bondad y sacrificio digno de mejor causa. Hasta ese día de principios de noviembre, me había parecido sarcásticamente lógico hacer causa común con el cursi y farsante de Próspero Merimée y descartarla como un irrelevante "macaco con crinolinas". No obstante, ese encuentro fortuito me hizo ver el error en el que me encontraba y lo precipitado de mis juicios. Su aspecto moreno y menudito, de toscas facciones y voz ligeramente tipluda, tal vez predispusiera al ojo racista y superficial a encontrarle similitudes con algún ejemplar más o menos simiesco, mas suponiendo que así fuera, se trataba de un macaco dotado de innegables virtudes personales.

De inmediato aceptó mi invitación a tomar chocolate y pastel en el restaurante del hotel Sacher, algo impensable en México, dadas las pacatas restricciones de la sociedad en la que nos movíamos, y sin pensarlo dos veces nos enzarzamos en una conversación torrencial como si fuera la cosa más natural del mundo.

Desprovista de los amarres formalistas de nuestra corte imperial de merengue, la señora Del Barrio se expresó con la desenvoltura propia de una sencilla mexicana que toma chocolate en el estrado de su casa con motivo de una reunión con amigos y familiares.

—Déjeme decirle, licenciado —esta vez, quizá para indicar que se trataba de una conversación de carácter personal, utilizó el título que comúnmente se aplica en México a los políticos civiles que presumen alguna clase de educación universitaria, y se abstuvo, por consiguiente, de recurrir a los protocolarios y cortesanos adjetivos de "Excelencia" o "señor viceministro" —que he dejado a doña Carlotita en las peores condiciones que jamás me hubiera imaginado. Con decirle que la última vez que la vi ya casi ni me reconocía y nomás repetía como enajenada: "¡Señor, ten misericordia de mí! ¡Pronto he de morir! ¡Piedad, señor Dios de los ejércitos!".

—Acabo de estar con el doctor Riedel, que es o fue el director del manicomio de Viena y, por desgracia, me acaba de confirmar que nuestra emperatriz es ya una loca certificada e incurable.

—¡Alabado sea Dios! Hágase su divina voluntad y que el cielo pronto le depare el consuelo eterno que se merece y que no tuvo en este valle de lágrimas. Pero desde Roma lo veía venir. Pues por si no lo sabe, me hizo pasar las de Caín. La habitación hecha un chiquero con todas esas gallinas y ese gato amarillo de ojos rojos como de Lucifer y las visitas a las fuentes para beber esa agua cochina en el vaso que le robó a Su Santidad. Ya en el Vaticano, desde que llegamos, a las claras se veía que luego, luego nos querían correr, pero Carlotita, con esos alaridos de perra en brama lloró que nos dejaran pasar la noche, que a mí se me hizo eterna, con esos librotes que parecían que se venían encima y nos iban a aplastar en las camotas esas que nos pusieron. Y lo demás para qué se lo cuento, si ya su merced lo requetesabe.

—Y dígame, señora, ¿qué pasó en Miramar?

—Pues qué había de pasar. Yo trataba de ayudarla, de vestirla, de lavarla aunque no le gustara, de consolarla, de hablarle, de prometerle que pronto estaríamos de regreso en Chapultepec con el bosque, el canto de los pajaritos y la vista de los volcanes que tanto le gustan. Pero todo fue en balde. Nada le cuadraba y acabó gritándome que a mí también me había pagado el Almonte ese para que la envenenara. Como si no se hubiera dado cuenta muchas veces que a mí no me pasa ese indio patarrajada, lambiscón, taimado y mentiroso, y que siempre lo traté lo más lejecitos que pude.

—Comprendo su predicamento y ahora entiendo por qué la mandaron de regreso tan pronto. Sin embargo, por algo que me dijo el doctor Riedel me ha nacido una curiosidad que ojalá usted me ayude a satisfacer. ¿Presenció los exámenes médicos que le hicieron a la emperatriz?

—Pues todo lo hicieron con gran misterio y hablando muy quedito y en alemán. No sé si lo hicieron porque se dieron cuenta que yo hablo algo de francés. Pero eso no quiere decir que no me haya maliciado ciertas cosas.

Mi curiosidad creció de pronto.

—¿Qué cosas se malició?

—Pues verá su merced. Yo no sé cómo se debe examinar a una mujer para saber si está loca. Pero lo que sí sé es lo que le hacen a una cuando va a dar a luz a un chilpayate, porque yo tengo cinco. Y en eso no me van a tomar el pelo. Y lo que le hicieron los doctores de Miramar a doña Carlotita tal vez se lo hagan a una loca, pero a una loca que está en estado de buena esperanza.

—¿Comprende usted la gravedad de lo que me está diciendo? Porque las implicaciones pueden ser gravísimas, en caso de que su dicho se llegue a comprobar.

—Pues será el sereno, pero que me vengan a decir a mí para qué los doctores se la pasan, días tras día, palpándole y oyéndole el estómago y metiéndole tubos entre las piernas a una mujer, si no es para cerciorarse de que está esperando un hijo.

En ese momento no tuve mejor idea que la de obrar de mala fe.

—Entonces debemos alegrarnos y cantar aleluya porque el Imperio mexicano al fin va a tener un heredero al trono.

La Del Barrio no vaciló en su respuesta:

—Pues dudo mucho que el chilpayate vaya a ser del señor don Maximiliano.

—¡Pero señora mía! ¿Cómo se atreve usted a decir eso?

—Que Dios me perdone y me envíe a las llamas del infierno si es que estoy levantando un falso testimonio, pero yo sé muy bien lo que estoy diciendo. Mire su merced, llevo más de tres años viviendo a sol y a sombra con doña Carlotita, que cuando me quería ni a mi casa me dejaba ir. Así es de acaparadora. Es más, si mi marido, el señor marqués, y mis hijos querían verme tenían que ir a visitarme a los patios y jardines del castillo de Chapultepec. Con eso le digo todo. Pero también le digo que requetebién me di cuenta que lo de mi señora y don Maximiliano era pura faramalla.

Decidí seguir obrando de mala fe.

—¿Pura faramalla? Pero si todo el mundo sabe, querida señora, que Sus Altezas Imperiales representan una pareja ejemplarmente amorosa en el universo de las cortes europeas.

138

—Pues vaya usted a saber quién sea todo el mundo. Lo que sí sé es que no necesito que nadie me lo platique, porque nunca los vi dormir juntos. También me consta que pasaban semanas separados, que jamás vi entrar a don Maximiliano a la recámara de doña Carlota y que aunque en público fingían ser fieles y amorosos, cuando se quedaban solos y sin más compañía que las poquísimas personas de su confianza, entre ellas yo, se trataban con gran displicencia, en especial por parte de don Maximiliano. De lejos se veía que apenas toleraba a la emperatriz. A mí se me hace que nada más nos anduvieron dando atole con el dedo con lo de su gran amor y que la verdad es que era un matrimonio más fingido y arreglado que un santo Cristo con pistolas.

—Esto se pone cada vez más delicado, porque si todo lo que me está diciendo es cierto, entonces los arranques de la emperatriz en París y en Roma tuvieron el terrible agravante de saber que llevaba un bastardo en el vientre. Y eso es algo que de tan sólo pensarlo, simplemente horroriza. Ahora entiendo a Riedel.

La del Barrio devoró, con evidente deleite, un buen trozo de *Sacher Torte*, bebió un largo trago de chocolate y me contestó:

—Pues horrorícese, porque en el castillo de Miramar se quedó un gatote encerrado y hay que ver qué hacen para echarle tierra y que nadie se entere. Porque si el gato maúlla…

La curiosidad malsana pudo más que la discreción a que me obligaba mi cargo.

—Supongamos que tenemos un embarazo de Su Alteza que no puede ser achacado al emperador Maximiliano por la total ausencia de vida marital entre ambos. Entonces, de ser así, ¿quién es el padre?

Para mi sorpresa, la señora del Barrio no se lo pensó mucho antes de responder:

—Yo me malicio que debe ser el belga ese que le envió a doña Carlotita el rey don Leopoldo como comandante de su escolta personal, el teniente coronel Van der Smissen. Desde que llegó a México no se le separó ni un instante y cuando andábamos fuera de la ciudad o el emperador no estaba en Chapultepec, él era el único que podía entrar a los aposentos privados de la emperatriz sin tener que anunciarse. Además, olían igual.

—¿Olían igual?

La dama de compañía abordó esta delicada cuestión como si se tratara de una verdad conocida.

—Ya sabe su merced cómo son estos europeos. Se bañan allá cada día de San Juan y mientras tanto todo lo andan arreglando con perfumes, pomadas y talcos. Eso hace que sus personas y sus ropas tengan ese olor tan raro, entre apestoso y dulzón, que se le mete a una en las narices y que después de un tiempo hace que se les sienta a varios metros de distancia. Por eso se aparean como los perros y los gatos: por el olor. Antes de acariciarse yo creo que primero se olfatean y que Dios me perdone por andar diciendo estas cosas. Pero eso sí, lo que sea de cada quien, don Maximiliano es un ejemplo de limpieza y pulcritud. Se baña todos los días y su ropa siempre está inmaculadamente limpia, almidonada y aseada. Ojalá así fueran todos.

A mi mente se vino la imagen del teniente coronel Van der Smissen, comandante en jefe de la guardia de la emperatriz. Alto, robusto, casi calvo, ojos azules, nariz recta, barba tupida y espesa, uniforme de húsar con los galones finamente bordados y el pecho cuajado de condecoraciones. Ahora que lo pensaba bien, su cercanía y afinidad con la emperatriz eran por demás evidentes, aunque yo siempre lo atribuí al hecho de que era el hombre de confianza que su padre le había enviado para cuidarla y protegerla en un país que a los ojos de los europeos es una tierra de salvajes no muy distinta del África central.

Aun así, las implicaciones de lo que me estaba diciendo la señora Del Barrio eran demasiado graves como para siquiera insinuarlas en la corte imperial de Chapultepec. De confirmarse este embarazo seguramente no deseado pero impuesto por las pasiones derivadas de la soledad y los agobios políticos, militares y económicos, así como por la madre naturaleza, el escándalo podía llegar a ser de proporciones dantescas. La indiscreción, de hacerse pública, podía atraer el descrédito y el oprobio sobre varias casas reales de cuya subsistencia dependía, en gran medida, el casi siempre delicado y problemático equilibrio europeo: la de Habsburgo, la de Sajonia-Coburgo-Gotha y la fundada o más bien refundada por Luis Napoleón y Eugenia de Montijo. Esto en una época en la que las crecientes corrientes del republicanismo y del anarquismo cuestionaban, cada vez con más fuerza y marcadas simpatías populares, los dogmas medievales del derecho divino de los reyes y del poder absoluto de los monarcas *per se* y sin otro título que la transmisión hereditaria. Para los conservadores sería un golpe casi mortal el que se hiciera del dominio público que una princesa de Bélgica, archiduquesa austrohúngara y emperatriz de México, supuestamente destinada a ser el dique que, con la sola fuerza de su rancio abolengo, detuviera el expansionismo republicano y protestante de los Estados Unidos de América, hubiera permitido que su vientre de sangre azul fuera arrastrado al fango de la bastardía por un militar plebeyo que, para colmo, tan sólo había alcanzado el grado de teniente coronel de una magra fuerza expedicionaria.

La que hasta ese día había sido la más fiel, devota y sacrificada dama de compañía de la ahora adúltera emperatriz, me tenía reservada otra sorpresa. Sin hacer mayor aprecio de mis silenciosas reflexiones, la Del Barrio me soltó, a bocajarro, otra revelación con la boca llena de *Sacher Torte*:

—Además, no está su merced para saberlo ni yo para contarlo, pero me he quedado callada tanto tiempo que ya no puedo ni me quiero aguantar. Total, a mi señora estoy segura de que por un buen tiempo no la van a dejar salir de Miramar y que, como están las cosas por allá, es casi imposible que yo regrese a vivir a México. Pero debe usted saber que varios meses antes de salir para Europa doña Carlotita oyó hablar, en una de las tertulias de Chapultepec, de una herbolaria de los rumbos de la plaza del Volador que procura hierbas para pecar sin quedar en estado de buena esperanza. Al día siguiente, muy temprano en la mañana, toda vestida de negro, de sombrero ladeado y con un grueso velo tapándole la cara, me hizo que la acompañara, con una escolta de dos guardias, a la dichosa plaza. Ahí preguntó por la hierbera con las señas que le habían dado y compró un bultito de hierbas que después se tomó en un té. Para mí que la hierbera, como buena india taimada, lo que le vendió fue una hierba que nombran la "carne de los dioses" y a la que los indios le dicen algo así como *teoxihuitl*, que provoca la locura sin causar la muerte y que vuelve a los loquitos muy agresivos y violentos. Por eso vivo segura de que desde que salimos de México, doña Carlotita ya estaba loca de remate. Nomás acuérdese de los colchones del barco. Para que le sigo, si usted todo lo presenció. Y lo que no presenció yo lo vi con estos ojos que algún día se han de comer los gusanos. Mire nomás que meter sus dedotes cochinos en el chocolate del Santo Padre y hacer que dos mujeres solas nos quedáramos a dormir en la biblioteca de la Santa Sede. ¡Habrase visto tamaña herejía! Si solo porque el papa es un verdadero santo, tocado por Dios, no nos corrieron de ahí a los puros palos.

Mi formación (¿o deformación?) leguleya me hizo detener la tirada de la Del Barrio.

—Entonces, mi estimada señora, si la he entendido, usted piensa que a la emperatriz primero la envenenaron en México con la "carne de los dioses" y luego entre el embarazo no deseado que le produjo el teniente coronel Van der Smissen y el fracaso de nuestra misión en París y Roma, se volvió loca de atar y que por eso no puede regresar a México.

—Eso es exactamente lo que pienso y se lo sostengo nomás a usted porque lo encontré aquí en Viena en un momento de soledad. Tampoco estoy loca como para andárselo diciendo a cualquier gente. En cuanto me vaya, "chitón palito", como decimos en México.

—Gracias por la confianza, pero la verdad es que como viceministro del imperio me veo precisado a hacerle una pregunta cruel pero inevitable. ¿No teme que la manden matar por andar diciendo todo lo que acaba de contar? Al menos eso es lo que más o menos me insinuó el doctor Riedel.

—Prométame que será una tumba. Si no, de seguro estoy perdida. Si he hablado así ha sido por tres razones. Su merced vivió conmigo, desde el pueblo de Ayotla hasta esta ciudad de Viena, todo lo que nos ha tocado vivir en este desdichado viaje. En segundo lugar, tengo el alma corroída por la pena y qué mejor que un conocido de México de muchos años, que como yo, está aquí solo, en este país tan distinto a lo que estamos acostumbrados, viviendo la misma desgracia, para tomarlo de paño de lágrimas. Y la tercera, porque me han mandado de regreso con mi buena talega de monedas de oro pero muy amenazada y prevenida de contar nada de lo que vi y escuché. El hermano de doña Carlotita, medio en español y medio en francés, me dejó muy en claro que si no me quedaba calladita al llegar a México, cosas muy graves nos podían pasar a mí y a mi familia; y por eso siento que alguien más, sobre todo alguien del rango y de la calidad de su buena merced, debe saberlo todo por si algo llegara a pasar. No sería justo que con todo lo que he sufrido y me he sacrificado por doña Carlotita, todavía tengamos que pagarlo mi familia y yo. ¡Quién le manda andar de coscolina con el Smissen ese! Y la cuarta, por si faltan, es porque llegando a México y en cuanto acabe de supervisar la empacada de las cosas que la emperatriz dejó en el castillo de Chapultepec, me voy a regresar, hasta que Dios me preste vida, a mi casa con mi marido y mis hijos para jamás volver a ser dama de compañía de ninguna señora por encumbrada que sea y así se trate de la santísima Virgen. Con lo de Carlotita quedé harta y asqueada para toda la vida. Es más, voy a hacer todo lo posible para convencer a mi señor esposo que mejor nos vayamos a vivir a Sevilla, no sea que entre los juaristas ateos también haya envenenadores.

La perorata de la señora Del Barrio cesó por completo. Había hablado con ese estilo entre coloquial, religioso y medio mundano que es propio de las mujeres mexicanas de buena familia que han recibido su barniz de cultura. Sin embargo, lo mejor de todo fue la dosis de honestidad y genuina caridad cristiana que puso en sus palabras y que traslucía una mezcla muy auténtica de compasión, ternura y rechazo por su desventurada emperatriz y un muy justificado hartazgo por el falso y traicionero ambiente cortesano en el que había tenido que desenvolverse. Había tocado fondo en serio, por lo que sentí no tener ninguna razón valida para dudar de sus palabras: de regreso a México cumpliría, fielmente como era su norma, con el último encargo de Carlota, se enclaustraría en su círculo familiar y no volvería a mencionar el tema de sus tres años como dama imperial y, de ser posible, se exiliaría en la lejana Sevilla para evitar chismorreos y preguntas incómodas. Esta vez no me equivoqué.

La señora Del Barrio lloró un poco antes de despedirse, se secó las lágrimas con un impoluto pañuelo y me dijo que pasaría la noche en el hotel de la estación, el inevitable, al menos en Europa, hotel Terminus, para tomar al día siguiente el primer tren a París, transbordar en esa ciudad al expreso que va al puerto de El Havre, en donde ya la aguardaba su señor marido, y una vez ahí embarcarse para Veracruz. Con toda la caballerosidad posible, la escolté a la puerta, la instalé en un carruaje y al despedirme me incliné para besarle la pequeña y perfumada mano.

La despedida de Viena

La conversación con la dama de compañía cerró el
círculo negro abierto por el doctor Riedel. Carlota estaba loca sin remedio a resultas de una suma de circunstancias muy difíciles de resistir para la mente humana,
cuya fragilidad es mucho mayor de lo que nos gustaría
aceptar: los desajustes de la personalidad que se presentan
en la niñez cuando se forja un carácter altivo, caprichoso
y hasta con toques de una dudosa divinidad; la imposibilidad mental de resignarse al derrumbe de un sueño
imperial, que era lo único que le daba sustento a su vida,
a consecuencia de una vasta conspiración internacional
en la que en cuanto a estupidez e imprevisión se daban
la mano Luis Napoleón, el Vaticano y el rey Leopoldo
de Bélgica, el idolatrado padre de la ilusa; y por encima
de todo, el portar en su vientre imperial la semilla ile-
gítima del teniente coronel Van der Smissen que podría
ser todo lo apuesto que Carlota quisiera, pero que al ser
plebeyo resultaba absolutamente inapropiado para ser
el padre reconocido del hijo unigénito de María Carlota
Amalia Victoria Clementina Leopoldina de Sajonia-Coburgo-Gotha y Orleans, princesa de Bélgica, princesa de
Hungría y archiduquesa de Austria y, por si algo faltara,
emperatriz de esa tierra incógnita llamada México.

Por supuesto que yo había entendido el mensaje
implícito que me dejó la señora Del Barrio: si cualquier

miembro de la comitiva mexicana que depositó a Carlota de vuelta en el castillo de Miramar hiciera la mínima alusión a su, inexplicable e injustificable, embarazo, quedaba expuesto a graves represalias. Por eso me prometí que en México, además de entregar en propia mano del emperador los correos austriacos con los sellos intactos, tan sólo haría alusión a los hechos que ya eran del dominio público: el vaso de naranjada en el palacio de Saint Cloud, el chocolate del papa, la noche entre los incunables pontificios, el brazo achicharrado en la olla de puchero hirviendo, el gato y las gallinas del Albergo di Roma y las visitas a las fuentes de la ciudad eterna acompañadas del vaso de Murano extraído de las alacenas papales. Fuera de eso, hablaría en privado con el jefe del Consejo Imperial, mi maestro don Teodosio Lares, acerca de la engañosa entrevista que me concediera el ministro Drouin de Lhuys y del poco confiable y engañoso comportamiento del embajador Almonte. Volví a repetirme el famoso dicho mexicano: no vaya a ser el diablo.

Dos días después, sin despedirme de Esterházy, que a mí también me resultaba superfluo con todo y su palacio de Eisenstadt, tomé el expreso a París. En el trayecto, al hacer una recapitulación de todo lo que había pasado, no pude dejar de advertir la premonición de las coplas que los guerrilleros juaristas nos cantaran, apenas el pasado mes de julio, al detenernos en Paso del Macho, y en las que se llama a la emperatriz "Mamá Carlota". El distinguido general republicano al que se atribuye la autoría de las coplas, ¿sabría algo o nada más las compuso al tanteo? Imposible para mí decirlo. Pero lo que sí puedo decir es que yo, con pleno conocimiento de causa, pude despedirme de Viena cantando "Adiós, mamá Carlota".

Días de mal agüero

El regreso a México, vía El Havre y La Habana, estuvo marcado por largos y sombríos pensamientos. En realidad se trató de mi primer viaje a Europa, pues en el anterior de septiembre de 1863 a abril de 1864, me la pasé encerrado en Miramar y en la casa consistorial de Trieste, donde fui alojado con el resto de la comitiva de "notables" mexicanos. La razón del encierro estuvo motivada por el hecho de que entre el ofrecimiento formal del trono (3 de octubre de 1863) y la partida para México (14 de abril de 1864), Maximiliano cambió continuamente de opinión. Primero exigió que se le enviaran las actas de todas las provincias mexicanas que lo querían por emperador, lo que obligó a Gutiérrez Estrada, Hidalgo y Almonte a fabricar vistosas falsificaciones. Después no estuvo de acuerdo con ciertas condiciones secretas sobre el protectorado francés en Sonora fijadas por Napoleón III en la Convención de Miramar, aunque acabó ofreciendo de más. Y por último, se enzarzó en larguísimas discusiones con su hermano, el emperador Francisco José, y con varios de sus ministros, sobre el contenido y las implicaciones del famoso "pacto de familia" que terminó obligándolo a renunciar a sus derechos dinásticos como presunto heredero del trono del Imperio austrohúngaro, a cambio de aceptar el trono de México. Para rematar, hubo que esperar a que Maximiliano terminara de escribir unos ridículos poemas, por supuesto llenos de dudas interiores y de íntimas contradicciones, y a que escogiera una fecha propicia para embarcarse, pues los días trece los consideraba de mal agüero.

Mientras tanto yo me pasé seis meses encerrado en continuas reuniones con Su Alteza Imperial y con los "notables" mexicanos tratando de encontrarle un lugar de reposo final a los cambiantes vientos. En el viaje de la *Novara* de Miramar a Veracruz, aprovechando la breve escala que los emperadores hicieron para visitar a la reina Victoria de Inglaterra, tuve una gris visión de Londres, y eso fue todo.

Esta vez, sin embargo, conocí a fondo París, Roma y Viena. Pero el regreso, según el dicho popular, pintaba color de hormiga. Una duda recurrente me atosigaba, sin dejarme dormir. ¿Qué hacer? ¿Mantenerme en el consejo de un imperio que sin el apoyo francés y ante el empuje yanqui se derrumbaría estrepitosamente? ¿Arrostrar las consecuencias de ese derrumbe? ¿O presentar mi renuncia al emperador y recluirme en mi hacienda de Coapa para evitar ser señalado por el dedo flamígero de los liberales juaristas que vendrían por el desquite? Ahora, con tantos años transcurridos y ante el sereno final de mi vida, la situación no parece tan grave. Pero en esa lejana y tormentosa época, en verdad me encontraba ante un gran dilema.

Mientras tanto el barco botaba en los mares en inconsciente homenaje a la barriga que Mamá Carlota mostraba a los más íntimos de su reducidísimo círculo en el inaccesible Gartenhaus de Miramar.

EL CASTILLO DE LA INDECISIÓN

*Veracruz-Orizaba-ciudad de México,
diciembre de 1866-febrero de 1867*

Los navíos del Destino Manifiesto

Al llegadar al puerto de Veracruz me encontré en la bahía al vapor *Susquehanna* que traía a bordo a los enviados plenipotenciarios del gobierno de los Estados Unidos ante el gobierno republicano del presidente Benito Juárez, el que con el tiempo llegaría a ser el famoso general William Sherman y el diplomático Lewis Campbell.

Informado del hecho por el gobernador militar del puerto, lo primero que me vino a la mente fue que resultaba bastante extraño, por decir lo menos, que los plenipotenciarios yanquis se encontraran en Veracruz rodeados de la marina francesa, cuando el gobierno ante el que estaban acreditados aún seguía en Chihuahua, a más de dos mil kilómetros de distancia. Pero cualquiera que fuera la razón de esta inesperada visita, resultaba evidente que Sherman y Lewis venían animados de las más siniestras intenciones hacia el Imperio mexicano.

Haciendo uso de mis credenciales de viceministro intenté, en vano, entrevistarme con el militar y el diplomático, pero lo único que logré fue intercambiar impresiones con el secretario de Campbell, lo que me permitió llegar a la conclusión de que habían sido informados de que Maximiliano se encontraba en la cercana villa de Orizaba en donde anunciaría su abdicación a la corona de México para regresar a Europa, vía Veracruz, protegido por el grueso del ejército francés.

El resto lo pude deducir. Una vez oficializada la abdicación, Sherman y Campbell marcharían a la ciudad de México, retomarían la abandonada sede de la legación estadounidense y establecerían una cabeza de playa destinada a buscar la consolidación del gobierno de Juárez y a prevenir cualquier nuevo intento de dominación por parte de las potencias europeas. La doctrina Monroe ("América para los yanquis") volvía por sus fueros.

Estando todavía en Veracruz recibí un correo confidencial en el que se me informaba que el emperador Maximiliano, previa consulta con el Consejo Imperial reunido en Orizaba, había decidido no abdicar y estaba pronto a regresar a la capital para tratar de seguir sosteniendo su gobierno. El correo venía acompañado de una proclama firmada por el presidente del Consejo Imperial, don Teodosio Lares, en la que se expresaba el amor y la lealtad de los ministros a los "nobles sacrificios" que el emperador se disponía a realizar.

Sherman y Campbell tuvieron conocimiento del contenido de dicho correo "confidencial" casi al mismo tiempo que yo, lo que demuestra, por si alguna falta hiciera, que los yanquis tenían en México una muy efectiva red de espionaje en las narices del ejército francés. Al confirmarse que Maximiliano no abdicaba y que regresaba a la ciudad de México en donde aún se encontraba el cuartel general del mariscal Bazaine, el *Susquehanna*, con William Sherman y Lewis Campbell a bordo, levó anclas esa misma noche con destino a Nueva Orleans.

En la villa de Orizaba me encontré al emperador instalado en la amplia y lujosa casa de campo de un rico hacendado de origen español. A pesar de situarse a unos ciento cincuenta kilómetros de distancia, el cambio de Veracruz a Orizaba es notable. En cuestión de horas se pasa de un puerto árido, de calores malsanos y vientos del norte que hacen impredecible el clima, a un fértil y risueño valle de densos bosques coronados por el Citlaltépetl o Pico de Orizaba, el volcán más elevado de todo México cuya cima, de nieves perpetuas, se llega a advertir, en los días claros y soleados, desde la bocana del mismo puerto de Veracruz. Orizaba es también conocida como "Pluviosilla" porque su clima, fresco y saludable, se caracteriza por largas temporadas de lluvias que hacen que la región se encuentre dotada de caudalosos ríos y abundantes manantiales que riegan jardines colmados de rosales de las más diversas variedades. Un archiflorido escritor de mis últimos tiempos, Rafael Delgado, en una novela publicada en 1902, los describe así: "Habíalos de mil especies, a cual más de bellos. Desde los rastreros que se tienden como alcatifas en la tierra, hasta los más altivos y osados que trepan a las tapias, queriendo escaparse por los techos. La rosa centifolia lucía su falda sérica, pródiga de su aroma deleitable y místico; la blanca alardeaba de su opacidad butírica, y se desmayaba rendida al peso de sus ramilletes; la 'reina', fina, aristocrática, sedienta de luz, ofrecía sus póculos incomparables; la 'dorada' entreabría sus capullos pujantes; la 'Napoleón', vívida y sangrienta, era la nota ardiente de aquella sinfonía primaveral; la 'té', menuda y grácil, vibraba en haces sus botoncillos delicados; la 'musgosa' rasgaba su envoltura de felpa glauca, como ansiosa de desplegar su nítida veste; la 'Malmaison', sensual, voluptuosa, languidecía de amor; la 'Concha', risueña y amable, extendía sobre la fuente sus ramos floribundos, la '(archi) duquesita' se empinaba para que vieran su ingenua elegancia...".

Pues bien, fue en ese espléndido lugar donde el emperador se reunió con el Consejo Imperial acompañado de sus asesores militares, para decidir si, en vista del retiro de las tropas francesas y de las legiones de voluntarios belgas y austriacos, retornaba a Europa, previa solemne abdicación, o si volvía al castillo de Chapultepec a tratar de sostenerse con los restos del ejército de los conservadores mexicanos que cinco años atrás había perdido la guerra de Reforma. Como ya se ha dicho, Maximiliano, tras largas consultas y vacilaciones, optó por no abdicar.

El emperador me recibió en el patio de la casona de grandes arcadas de cantera, camas de rosas y rumorosa fuente poblada de blancas y olorosas gardenias. Su trato fue cordial pero breve. Sin siquiera mirar los sellos imperiales se guardó los correos secretos que me habían entregado en la cancillería austriaca en el bolsillo interior de su levita azul cielo y escuchó, con cierto aire de displicencia y fastidio apenas disimulado, la narración de mis desventuras en Saint Cloud y en el Vaticano, y el diagnóstico que me hiciera memorizar el doctor Riedel en Viena sobre el estado de salud mental de la emperatriz. No sé si fueron figuraciones mías motivadas por todo lo que me contó la señora Del Barrio en el restaurante del hotel Sacher en Viena, pero me quedé con la impresión de que la locura de Mamá Carlota era para Maximiliano una historia añeja que le provocaba más alivio que angustia. Todo parecía indicar que la joven y bella alienada del Gartenhaus de Miramar, perdida como estaba en las divagaciones del delirio de persecución y en la esquizofrenia de las ambiciones frustradas y del orgullo socavado, era una piedra menos en las lustrosas botas imperiales.

Esa misma noche tuve una larga entrevista con don Teodosio Lares en el salón de la casona de alta chimenea recubierta de talavera poblana y grandes puertas de cristal que miraban al patio y a los campos vecinos, en donde vivaqueaban los soldados de la guardia de Maximiliano. Don Teodosio se veía cansado y preocupado, y no dejaba de frotarse las manos frente a la chimenea en la que ardían y reverberaban gruesos leños de ocote recién cortado, como si con ello tratara de aliviar una especie de frío interior que emanaba de su viejo cuerpo. Después de escuchar la narración de mis peripecias en Europa, tomó el hilo de la conversación, dándome la impresión de que más que platicar conmigo estaba reflexionando en voz alta.

—Lo de la emperatriz es sin duda una tragedia que a todos nos afecta. Pero en el fondo es una bendición disfrazada de desgracia.

—No lo sigo, maestro.

—Verá usted, compañero. La emperatriz dificultaba la buena marcha de la administración pública del imperio. Estaba en todo, contradecía órdenes expresas del emperador, interfería en la delicadísima conducción de los asuntos eclesiásticos y chocaba de continuo con el mariscal Bazaine, con el que ya de por sí tenemos diez problemas al día, pero al que no nos podemos dar el lujo de despreciar. Era una cruz muy pesada de llevar. Por eso ahora creo que podremos pensar y planear mejor las cosas, sin la presencia de esa mujer inestable y altiva que le ponía los nervios de punta a todo el mundo.

—Hoy en la mañana, cuando le expliqué al emperador el diagnóstico que me dio el doctor Riedel en Viena, pareció no darle importancia.

—Así es. A su perspicacia no habrá escapado el hecho de que el matrimonio de nuestros emperadores estuvo inspirado en evidentes razones de Estado que los llevaron a vivir juntos pero separados. Es un secreto a voces que ninguna de las noches que pasaron en México durmieron juntos. Es más, cuando por las circunstancias se vieron obligados a compartir la misma habitación, don Maximiliano siempre pidió que le instalaran el catre de campaña que trajo ex profeso de Europa, para dormir lo más lejos posible del lecho de doña Carlota. Por eso la separación y probable locura de la emperatriz no han hecho gran mella en el ánimo de nuestro emperador.

—De todas maneras es una tragedia griega de la que mucho lamento haber sido testigo. Fue doloroso y patético ver a esa altiva, dinámica y hermosa dama de la más antigua aristocracia europea degradarse día con día hasta acabar con la cara demacrada, las pupilas encendidas con el fulgor de la locura, los pómulos cadavéricos y enrojecidos, vestida con retazos de los más finos trajes, desgreñada, sucia y rodeada de la peste producida por las gallinas y el gato callejero con quienes convivió en sus habitaciones del Albergo di Roma. Es algo que jamás olvidaré.

—Concuerdo en que es muy lamentable y en que todos debemos rogar para que el Señor le mande pronto a doña Carlota su consuelo y su alivio, pero ahora hay que mirar al frente.

—En realidad creo que tenemos mucho y no tenemos nada.

—¿Por qué?

—Porque, como se lo acabo de decir, en la plática reservada que sostuve con el entonces ministro Drouin de Lhuys, en el Quai d'Orsay, me quedó muy claro que las presiones del secretario de Estado Seward para que Luis Napoleón retire sus tropas de México son tan fuertes que dudo mucho que los franceses se queden en México más allá del próximo 31 de enero. Ya ve usted lo que sucedió con el cuerpo de cuatro mil voluntarios austriacos que hace unos meses iban a venir a México y que fue disuelto ante la amenaza de los Estados Unidos de declararle la guerra al Imperio austrohúngaro.

—En mi opinión el gobierno austriaco está compuesto de cobardes e idiotas. Ni la huella del viejo y perverso pero efectivo Metternich les queda. ¿Qué les puede hacer Estados Unidos, salvo impedir que los voluntarios desembarquen en México mediante un bloqueo naval en los puertos del Golfo? Porque dudo mucho que la flota yanqui vaya a cruzar el Atlántico y luego el Mediterráneo para atacar a Austria. Imagínese nada más todas las complicaciones que semejante acto de guerra ocasionaría con Inglaterra, Francia e Italia, para no mencionar a España, Bélgica y Rusia. Yo más bien creo que este temeroso recule obedece a un plan siniestro del emperador Francisco José que no quiere de regreso a su hermano Maximiliano, por todas las complicaciones que en Austria ocasionaría el pacto de familia que canceló los derechos dinásticos de nuestro emperador como heredero de la casa de los Habsburgo, y que en caso de una abdicación a la corona de México se tendría que revisar y confrontar. Espére unas semanas, ya que pronto tendremos noticias de la corte austriaca sobre este asunto.

—De todas maneras me parece otra locura por parte de don Maximiliano quedarse en México sin el apoyo francés. Si no le basta con todo lo que me tocó presenciar en Europa, habría que recordarle que ya están llegando a Veracruz los buques del Destino Manifiesto. La reciente estancia en ese puerto del general William Sherman y del embajador Lewis Campbell es, al menos para mí, una clara muestra de que el gobierno de los Estados Unidos va a apoyar a Juárez con todo su poderío en cuanto Bazaine y su ejército leven anclas.

—¿Lo dice usted porque acaban de llegar a Orizaba el general Castelnau, ayudante de campo del emperador Napoleón III y el embajador Alphonse Danó?

—Ignoraba que esos personajes estuvieran aquí.

—Pues es bueno que lo vaya sabiendo. Castelnau viene armado de un telegrama firmado por el mismísimo Napoleón III, en el que ante la decisión del emperador Maximiliano de quedarse en México, en términos nada diplomáticos, ordena la inmediata repatriación de hasta el último de los soldados franceses así como el retiro de todo el apoyo a los cuerpos de voluntarios belgas y austriacos, los que ante tamaña decisión, optaron por repatriarse. El embajador Danó, como es de esperarse, viene en calidad de música y acompañamiento.

—Entonces nos estamos quedando solos.

—No necesariamente. He sido informado que ya vienen en camino los generales Miramón y Márquez, que cuentan con gran arraigo entre la tropa y que estoy seguro de que en muy poco tiempo levantarán un cuerpo de ejército competente que supere, con creces, a las tropas de Bazaine. Ha sido un acierto de nuestro emperador relevarlos de las comisiones que tenían en Europa para que se hagan cargo inmediato de las operaciones militares.

A mí los solos nombres de Miramón y Márquez me producían tirria y escalofrío, por lo que consideré necesario dejar sentada mi posición.

—Pues entonces todo se lo va a acabar llevando el diablo. Miramón tuvo algunos triunfos brillantes en la guerra de Reforma, al grado de que los cursis y lambiscones que nunca faltan lo bautizaron como el "joven Macabeo", pero en el fondo es un personaje detestable y poco confiable. Lo consumen la ambición y los arranques de violencia. Recuerde que en 1862 la flota inglesa ocupó Veracruz sin más pretexto que el de reclamar los seiscientos mil pesos que, un año antes, Miramón, violando todas la leyes de la inmunidad diplomática, se robó de la legación británica cuando se quedó sin recursos para combatir a los liberales. No se le olviden los muchos compañeros de armas contra los que la ha emprendido a espadazos, cuando ha perdido importantes sumas en los dados y en los naipes, juegos de azar de los que es un devoto impenitente. Por si algo faltara, también le debemos a Miramón la inviabilidad financiera del imperio, pues tampoco se le debe olvidar que la mayor parte de los empréstitos que ahora la Casa Jecker nos quiere cobrar con intereses del novecientos por ciento, fueron contratados por Miramón cuando fungió como presidente de México durante la guerra de Reforma. Y su mujer, Concha Lombardo, es de una arrogancia insufrible. Usted sabe que una de las razones por las que el emperador lo desterró a Europa, bajo el sobado pretexto de una "comisión militar", fue porque la Lombardo le andaba diciendo a todo el que quería escucharla que la emperatriz de México debería ser ella, "porque mejor yo que una extranjera". Y de Leonardo Márquez ya ni hablar: taimado, cobarde, vengativo y oportunista. La matanza que hizo de prisioneros, médicos y enfermeros en Tacubaya durante la guerra de Reforma lo pinta de cuerpo entero. Sin olvidar que la llevó a cabo con la tácita aprobación del "joven Macabeo".

—¡Qué pesimista regresó de Europa, hombre de Dios! Yo le aseguro que con el emperador decidido por el partido del bien y de la razón las cosas van a cambiar. Sin la interferencia de Bazaine y los franceses, la gente se va a identificar como nunca con nosotros, ya que representamos los valores tradicionales de la religión de nuestros mayores, opuesta por completo al ateísmo materialista de la canalla liberal.

Quise interrumpirlo para recordarle cómo habían terminado el partido conservador y sus generales Miramón y Márquez tras la guerra de Reforma, pero Teodosio Lares había llegado a un punto en el que solamente se escuchaba a sí mismo.

—No, el problema no son Miramón y Márquez. Pronto contaremos con un ejército propio, y el nuevo programa de gobierno aprobado por el emperador y el Consejo Imperial de ministros mejor y más realista no puede ser: leyes de reclutamiento, ruptura de todos los vínculos con los franceses, búsqueda de un acuerdo con los Estados Unidos, ahora que ya no nos pueden acusar de ser un protectorado francés; anulación del decreto del 3 de octubre de 1865, que autorizaba el fusilamiento de los rebeldes sin previo juicio; y saneamiento radical de las finanzas del imperio. No, el problema está en el carácter vacilante y débil de nuestro emperador, que en el momento menos pensado se nos puede arrepentir de todo lo que nos ha prometido y en un arranque sentimentaloide de esos a los que suele ser tan afecto, decida regresarse a Europa a cuidar de Carlota y a tratar de reconciliarse con su hermano. No hay que olvidar que en el fondo tiene alma de poeta. Para colmo ha caído en las garras del padre Agustín Fischer, ese maldito pastor protestante alemán, aventurero, engendrador de no sé cuántos hijos bastardos, que se vino de California a México y se convirtió al catolicismo para escapar de las docenas de acreedores que lo perseguían. Inmundo charlatán y embustero que finge interesarse en coleccionar mariposas para estar cerca de don Maximiliano en sus momentos más vulnerables: los de soledad y reflexión. No entiendo cómo ha podido convencerlo de que, "gracias a sus inmejorables contactos en Europa", puede llegar a concertar un concordato con el Vaticano que obligue a Luis Napoleón a mantener el grueso de sus tropas en México. Va a llegar un momento en el que el emperador, por ingenuo y optimista que sea, se va a convencer de que Fischer lo ha estado engañando de manera sistemática y entonces, como todos los tipos débiles de carácter, puede tener una reacción impredecible y ¡qué va a ser entonces de nosotros, sus fieles partidarios mexicanos! Pero no, hay que tener fe. Lo mejor es que se vayan los franceses para poder medir nuestra verdadera fuerza. Nos asiste la razón, somos el partido de la ley, el orden y la religión. Tan solo es cuestión de tener muy bien controlado al emperador.

La larga perorata cesó. Se hizo un breve silencio que aproveché para responder:

—Querido maestro, permítame discrepar. Con Miramón y Márquez al frente del ejército, don Maximiliano no podrá sostenerse ni un año en el trono de México. Las experiencias de la muy reciente guerra de Reforma, que en toda la línea perdimos los conservadores, son bastante aleccionadoras al respecto. Un acuerdo con los Estados Unidos es poco menos que imposible, aunque se vayan los franceses, porque los entendimientos yanquis con Benito Juárez se remontan a 1859, cuando se negoció el Tratado McLane-Ocampo. Por si eso no bastara, los yanquis saben que Juárez, a más de ser confiable y resistente, representa un sistema de gobierno republicano, liberal y laico que es lo que los Estados Unidos quieren para todo el continente; inclusive oí en París rumores en el sentido de que el embajador de los liberales en Washington, Matías Romero, acaba de firmar o está por firmar con el gobierno estadounidense, por intermediación del general Ulises Grant, un tratado secreto de ayuda militar para la causa juarista. Si esta especie se confirma, y no me cabe la menor duda de que se va a confirmar, no existe la mínima posibilidad de un entendimiento entre Maximiliano y los Estados Unidos. En cuanto a la derogación del decreto del 3 de octubre de 1865, obra por cierto de Bazaine y Carlota, no creo que sirva de gran cosa, porque ya ocasionó un buen número de víctimas, muchas de ellas inocentes. Y lo de sanear las finanzas del imperio, es como para reírse; si no lo logramos con asesores del calibre del señor Bonnefond, mucho menos lo vamos a hacer nosotros solos con las arcas vacías.

Al llegar a este punto me percaté de que mis palabras habían caído sobre un cuerpo inerte. Don Teodosio Lares se había quedado dormido en un sillón junto a la chimenea en la que aún ardían y chisporroteaban los últimos ocotes.

El telegrama del padre Agustín Fischer

En la noche del 11 de diciembre, el emperador Maximiliano ofreció una cena de gala a todos los "notables" que a la sazón nos encontrábamos en Orizaba, para festejar su valiente decisión de quedarse en México a luchar por el imperio. A los únicos a los que no invitó fue al general Castelnau y al embajador Danó, para empezar a marcar su distancia, y con ella una pretendida independencia, de Napoleón III.

Abundaron los platillos y la champaña corrió como agua de manantial. La pieza de resistencia estuvo constituida por los inmejorables langostinos de río que son característicos de ese paraíso de corrientes de agua dulce que es el valle de Orizaba.

Todos parecían estar felices y del mejor y más optimista de los humores, aunque se trataba de una alegría fingida, motivada por las circunstancias, pues, de vez en vez, algunos rostros se contraían, los ceños se fruncían de preocupación e incertidumbre y las miradas se perdían tratando de interrogar al futuro. Entre el bullicio de las conversaciones y de los repetidos brindis, no pude dejar de pensar en Carlota, la de los ojos de almendra verde y mirada distante e inalcanzable, vagando en el desvarío de la insensatez en los enormes salones del Gartenhaus de Miramar, sin más compañía que unas cuantas gaviotas invernales, unas cuchicheantes damas de la corte, pálidas y resecas, y algunos médicos (sometidos al más riguroso de los secretos profesionales) esforzándose por librarla, al unísono, de los males de la demencia y de un embarazo inconfesable.

El padre Agustín Fischer bebió champaña como cosaco y tuvo que ser conducido a sus habitaciones en notorio estado de ebriedad. Al día siguiente, el viejo gambusino no pudo acompañarnos en el viaje que emprendimos rumbo a la ciudad de México. Amaneció con una resaca de órdago y apestando a licor rancio.

Maximiliano tuvo a bien escoger el 12 de diciembre, día de la Virgen de Guadalupe y de la fiesta nacional de todos los mexicanos, para viajar a Puebla, por lo que al pasar por pueblos y rancherías nos acompañó el repique de las campanas de las iglesias y el estallido de incontables cohetes.

En Puebla nos hospedamos en la hacienda de Xonaca, suntuosa residencia campestre del arzobispo de la localidad. Con todo y la reforma juarista, el clero seguía poseyendo las mejores fincas y edificios del país. Gracias a los buenos oficios de don Teodosio Lares, el emperador accedió a suspender, por dos horas, sus interminables expediciones botánicas (esta vez en unión de su médico de cámara, el doctor Samuel Basch, ya que el borracho de Fischer seguía en Orizaba curándose la resaca), para recibir en audiencia privada al general Castelnau y al embajador Danó, a los que había hecho viajar de Orizaba a Puebla. Como Maximiliano exigió testigos de lo que se tratara, don Teodosio y yo asistimos en calidad de representantes del Consejo Imperial.

La conversación fue más bien ríspida. Castelnau pintó la situación con los más siniestros colores. Sin andarse con rodeos, le hizo ver al emperador que la situación de Francia en México era insostenible tanto por la probable guerra con Prusia como por la presión estadounidense que podía llevar a un enfrentamiento bélico de imprevisibles consecuencias en el golfo de México en general y en el puerto de Veracruz en particular; que sin el apoyo militar y económico de Francia, Maximiliano estaría perdido, pues era bastante ingenuo pensar que generales como Miramón y Márquez, cuyas hojas de servicios mostraban importantes y decisivas derrotas ante los ejércitos republicanos y liberales, serían capaces de organizar un ejército que pudiera detener el avance juarista apoyado, ya sin disimulo alguno, por el gobierno de los Estados Unidos; y que ante tan negro panorama la única salida lógica y práctica era la inminente abdicación, que le solicitaban por instrucciones expresas y directas de Luis Napoleón.

Cuando don Teodosio estaba a punto de lanzarse a un encendido discurso en defensa del Imperio mexicano, Maximiliano lo detuvo con un gesto de su mano izquierda y con la derecha le extendió a Castelnau un telegrama, fechado la víspera y firmado por el mariscal Bazaine. En él, el comandante en jefe del Ejército francés acantonado en México, le decía al emperador que haría los esfuerzos necesarios para sostener el imperio y que Maximiliano conservaría intacta su corona.

Castelnau y Danó reaccionaron con sorpresa pero de inmediato se repusieron. Sin tapujos le dijeron al emperador que Bazaine se había excedido en sus atribuciones y que Napoleón III sería informado de inmediato, pues los días de Bazaine al mando efectivo de tropas estaban contados.

Maximiliano ignoró estas explicaciones. En tono cortante, les dijo que él ya había aprendido a no confiar más en los franceses y dio por terminada la audiencia. Tiempo después supe que el telegrama de marras había sido falsificado por Fischer la tarde previa a la noche en la que agarró su épica borrachera orizabeña.

Esa noche Castelnau, en mi presencia y en las narices del fatigado pero aún fogoso Teodosio Lares, dijo que Maximiliano era un inepto, un ingenuo y un mentiroso que carecía de las dos cualidades esenciales para poder gobernar un país como México: sentido común y energía. Para mis adentros agregué una tercera: saber inspirar miedo.

"Se nos está saliendo de madre"

El emperador estuvo más de dos semanas en la hacienda de Xonaca disfrutando de la hospitalidad arzobispal, cazando mariposas, analizando insectos y atendiendo los más urgentes asuntos de gobierno. Este receso fue aprovechado por el diabólico Fischer para reincorporarse a la comitiva y volverse, otra vez, la sombra de Maximiliano. Por fin, el 3 de enero del nuevo año de 1867, tomamos el camino a México. Sin embargo, el emperador no llegó hasta Chapultepec; se recluyó en la hacienda de La Teja, propiedad de otro latifundista de origen español, donde sostuvo largas entrevistas con los generales Miramón y Márquez.

Pronto descubrí la causa de esta inesperada escala. Maximiliano había marchado a Orizaba con la firme intención de abdicar y de embarcarse en Veracruz con destino al castillo de Miramar. Sin embargo, en Orizaba algo lo había hecho cambiar de opinión. ¿La carta que acababa de recibir de su madre, la archiduquesa Sofía, en la que con innegables nostalgias imperiales, pero también bonapartistas, le decía que "un Habsburgo puede morir en el cumplimiento de su deber, pero nunca abdicar de los compromisos con su pueblo"? ¿O la mefistofélica influencia del padre Fischer que no quería perder todo lo que había ganado en México después de tener que huir de Europa, acosado por las madres de sus

165

múltiples hijos bastardos, y de California, acosado por sus también múltiples acreedores?

Lo más probable es que haya sido la férrea debilidad y volubilidad de su carácter, que lo hacía inclinarse por la última opinión que escuchara en el día. Así que por prontas providencias ordenó desmantelar el palacio imperial y el castillo de Chapultepec, y embalar sus numerosas pertenencias personales, entre las que, debo consignarlo, se contaban valiosas e irremplazables obras de arte precolombino y virreinal que había mandado extraer, para decirlo con suavidad, de museos, iglesias y conventos de la ciudad de México y del interior del país.

A mediados de enero, el castillo de Chapultepec quedó remozado y el emperador retornó, por breve tiempo, a su residencia habitual. Recibió incontables visitas, siendo de destacarse, por meliflua y superficial, la del arzobispo de México y la de los tres ministros de tendencias liberales de su gabinete: Ramírez, Escudero y Robles Pezuela que, entre juramentos de lealtad eterna, le presentaron sus respectivas renuncias y con gran sentido común (virtud que según Castelnau, Maximiliano no poseía) lo urgieron a que abdicara y se repatriara a Europa, ya que el imperio era insostenible y su vida correría un enorme peligro al triunfo de la causa liberal y republicana.

Es de hacerse notar que en esos días de crisis e indecisión el emperador no hizo alusión alguna al estado de salud mental de su "Carla amada" ni siquiera a sus más cercanos colaboradores.

El 31 de enero de 1867, fecha fijada por Seward a Drouin de Lhuys para el retiro definitivo de las tropas francesas de México, tuvo lugar, en el castillo de Chapultepec, la última sesión del consejo de ministros a la que me tocó asistir. El emperador abrió la discusión con un informe de las hazañas del ya no tan "joven Macabeo" Miguel Miramón, que había logrado un éxito aparente contra el ejército republicano en las recientes batallas de

Querétaro y Zacatecas, solamente para encontrarse, dos días más tarde, en la hacienda de San Jacinto, al general Mariano Escobedo, que lo derrotó en toda forma y le hizo una gran cantidad de prisioneros, privándolo de casi todo su parque y artillería, y forzándolo a replegarse a Querétaro, bella ciudad colonial del centro del país, a la que ofreció fortificar para defenderla, a sangre y fuego, como el último bastión del imperio por el que estaba dispuesto a ofrendar su vida. En menos de seis meses los hechos le darían la razón.

La grave derrota sufrida por el más famoso de los generales conservadores hizo mella en el ánimo del siempre dubitativo emperador, que volvió a plantear el tema de la abdicación, a pesar de que en Orizaba había prometido sostener el imperio hasta sus últimas consecuencias. Esta vez recurrió a un retorcido argumento que sólo pude explicarme en función de uno de los recovecos mentales que suelen poseer las personas de poco carácter: descargar o tratar de descargar en los demás la responsabilidad de tomar las decisiones que ellos son incapaces de afrontar. Así, Maximiliano nos salió con la novedad de que en virtud de que había sido proclamado emperador por el voto de una gran Asamblea Nacional de los principales pueblos y ciudades de México, ahora debía convocarse a otra gran asamblea para que decidiera sobre su abdicación, habida cuenta de que el repliegue de las tropas imperiales a Querétaro ponía en grave peligro a la capital que ya de por sí estaba amenazada por las tropas del general Porfirio Díaz que avanzaba invicto desde Oaxaca y Puebla.

El último de los ministros liberales, el joven, talentoso y honesto García Aguirre, encargado de la cartera de justicia, sin pronunciarse por la convocatoria a esta especie de "Estados Generales" que en las circunstancias era patéticamente impráctica, urgió a Maximiliano a abdicar antes de la partida de los franceses, haciendo notar la insuficiencia de recursos para sostener una prolongada campaña y el colapso militar que auguraba la grave derrota que acababa de sufrir Miramón a manos del general Mariano Escobedo.

De inmediato saltaron a la palestra los ministros más conservadores, Teodosio Lares y Juan Sánchez Navarro, que con vehementes discursos instaron al emperador a cumplir todas la promesas que había hecho de defender su dignidad imperial y de cumplir su deber como el primer soldado de la Nación, así como de no abandonar a sus partidarios que tantos sacrificios habían hecho para elevarlo al trono de México en esta hora histórica en la que estaban en juego los destinos de un país católico y devoto de su emperador. A mayor abundamiento, Lares y Sánchez Navarro prometieron cuantiosos recursos que harían el triunfo infalible.

Maximiliano, como era usual en él, por enésima vez en los dos años que llevaba residiendo ahí, sumió al castillo de Chapultepec y a su consejo de ministros en la indecisión, ya que a las tres propuestas les encontró méritos aunque parezca inconcebible: si había sido proclamado por una Asamblea Nacional lo más lógico y natural era que otra Asamblea Nacional resolviera sobre su abdicación, pero la propuesta del ministro García Aguirre no dejaba de ser sensata y realista, aunque los discursos de los ministros Lares y Sánchez Navarro habían tocado las fibras más sensibles de su generoso corazón al recordarle sus deberes dinásticos como heredero de Carlos V de Austria y I de España, el emperador que inventara y forjara México.

Cuando Sánchez Navarro le susurraba a Lares "se nos está saliendo de madre", como si el débil Maximiliano pudiera ser un caudaloso río, se irguió la figura del pastor renegado, Agustín Fischer, para pronunciar un encendido discurso en contra de la abdicación. El emperador quedó entonces atrapado entre el fuego cruzado de su incertidumbre y la retórica beligerante de sus principales consejeros.

Aprovechando el vacío de poder, Lares trató de ganar la partida con una propuesta maquiavélica: dada la ineptitud militar de Miramón, Maximiliano debía marchar de inmediato a Querétaro para ponerse al frente de sus tropas, cual era su deber como primer soldado del imperio, a fin de levantar la moral y unir a todo el pueblo en torno a la figura y al espíritu de su muy católica majestad.

La corte y el castillo de la indecisión habrían acabado por derrotar a Lares de no haber sido por el mariscal Bazaine que, gracias a uno de los remolinos que aparecían en la mente del emperador, había sido invitado a la sesión, a pesar de que ya estaba en marcha el operativo que en cinco días más dejaría a México sin un soldado francés, salvo algunos pequeños cuerpos de voluntarios que decidieron quedarse a probar su suerte, y los que a la postre representaron un apoyo más bien exiguo.

Bazaine, sabedor de la situación, hasta ese momento había guardado un prudente silencio. Sin embargo, al percatarse de la mirada dubitativa de Maximiliano, decidió echar su cuarto a espadas y lo hizo de una manera insidiosamente contradictoria. Empezó por afirmar que la campaña militar estaba perdida porque si el Ejército francés había cedido terreno a las tropas republicanas con mayor razón lo harían las disminuidas fuerzas imperiales que Miramón y Márquez habían logrado reunir de manera apresurada y sin el entrenamiento y el avituallamiento necesarios, como lo demostraba la reciente derrota en la hacienda de San Jacinto.

Teodosio Lares de inmediato le contestó, diciéndole que si las tropas francesas habían cedido terreno no era por la superioridad de las republicanas sino porque, por instrucciones expresas de París, habían emprendido una retirada estratégica a causa de la delicada situación europea y de las presiones de los Estados Unidos.

Bazaine no se tomó la molestia de responderle a Lares y prefirió hablar de otro tema, afirmando que de acuerdo con el conocimiento que tenía de las finanzas del imperio (como si un sardo de tiempo completo pudiera ser un experto en el delicado arte de las finanzas públicas) la situación no era tan desesperada como parecía, ya que si se procedía con decoro y firmeza en poco tiempo estarían las arcas imperiales saneadas y produciendo los rendimientos necesarios para hacer frente, con éxito, a la oposición republicana.

Aunque se trataba de una flagrante mentira pues era un hecho notorio y del dominio público que las arcas imperiales estaban vacías, esta inesperada revelación actuó a la manera de un clavo ardiente del que se colgaron Lares y Sánchez Navarro para insistir de manera cada vez más agitada en la necesidad de que Maximiliano no sólo no abdicara, sino que marchara de inmediato a Querétaro a ponerse al frente de las tropas imperiales, "cual preclaro varón de las dinastías Carolingia y de los Habsburgo y primer soldado del Imperio mexicano". El padre Fischer secundó entusiasmado esta moción. Yo mantuve un discreto y convenenciero silencio que ahora me reprocho cada vez que mi mente regresa a esos inciertos tiempos. Pero en ese entonces me pareció lo más adecuado dado mi rango y el ascendiente que sobre mí ejercía mi viejo y respetado maestro y presidente del Consejo Imperial.

A pesar de la fuerte presión que recibió de Lares, Sánchez Navarro y Fischer, y de la meliflua opinión financiera de Bazaine, el emperador no adoptó ninguna decisión. Para variar y no perder la costumbre, la sesión del Consejo Imperial en Chapultepec concluyó en la más completa de las indecisiones.

CON EL RABO DE LA DEBACLE ENTRE LAS PIERNAS

La salida de Bazaine y sus tropas de la ciudad de México estuvo marcada por una cadena de perfidias que pusieron de manifiesto la miseria moral que el mariscal escondía detrás de sus relucientes galones militares. Primero vendió todo el mobiliario del palacio de Buena Vista y hasta la carroza de Estado que, en sus días de gloria, usara el general Antonio López de Santa Anna. Se trató de un atraco, en virtud de que el palacio en cuestión le fue cedido en comodato por el emperador como regalo por su boda con Pepita Peña, y el mobiliario y la carroza, seleccionados de varios recintos oficiales, también le fueron entregados en comodato por formar parte del patrimonio nacional.

Acto seguido, en presencia de unas mil personas destruyó todas las provisiones de pólvora, despedazó las cureñas y clavó los cañones que no se pudo llevar. No sé si actuó por instrucciones de París o si lo hizo por decisión propia, pero es evidente que cualquier ser humano más o menos bien nacido que hubiera sido colmado de atenciones, regalos y honores por Maximiliano, estaba obligado al gesto de humanidad elemental de poner a disposición del acosado emperador todo ese valioso material bélico en el momento en el que más lo necesitaba, más aún si no se lo podía llevar a Francia. Y aunque Bazaine era capaz de esa y otras bellaquerías de mayor

171

envergadura, tengo la fundada sospecha de que en este caso actuó por instrucciones expresas del pequeño Napoleón III, que así, sacando las castañas del fuego con la mano del gato elevado a mariscal, se cobró las afrentas recibidas de mi amada emperatriz en el palacio de Saint Cloud y en la *suite* imperial del Grand Hotel de París.

Para coronar su actuación en México, todo parece indicar que el cretino entró en tratos con el general liberal Porfirio Díaz para venderle seis mil fusiles y cuatro millares de cápsulas que tampoco podía llevarse por constituir una pesada impedimenta para lo que, en el fondo y a pesar de las apariencias de orgullo y hasta de soberbia que los franceses querían dar a los habitantes de la capital, constituyó una poco graciosa huida. No se sabe a ciencia cierta qué fue lo que sucedió, pero algo me dice que esas armas y esas municiones jamás llegaron a Francia.

En la madrugada del 5 de febrero, el Ejército francés abandonó para siempre la capital de México por la garita de San Antonio con destino inmediato al puerto de Veracruz. Como la evacuación se hizo al amparo de las sombras de la noche, se trató de una fuga vergonzosa que mucho contrastó con la tumultuosa recepción que un buen número de los mismos soldados tuvo al entrar a la ciudad tres años antes. Por supuesto, no pude dejar de advertir que Bazaine y sus tropas huyeron de México apenas cinco días después de la fecha límite que el mes de julio anterior el secretario de Estado Seward fijara al ministro Drouin de Lhuys por conducto del embajador y agente confidencial del gobierno de los Estados Unidos en Francia, Thurlow Weed; y que ese día, 5 de febrero, coincidió con el décimo aniversario de la proclamación de la Constitución liberal de 1857, origen formal de la guerra de Reforma y del imperio de Carlota y Maximiliano.

Tampoco pude dejar de apreciar la ironía de que los franceses partieran al compás del himno imperial *Partant pour la Syrie* que canta las escasas glorias militares de Luis Napoleón, cuando en realidad lo que estaban haciendo era *Partant pour la France,* con el rabo de la debacle mexicana entre las piernas y con rumbo a una debacle todavía mayor: la que pronto tendría lugar en las cercanías de la frontera con Prusia en un sitio que lleva el emblemático nombre de Sedán.

Se va el emperador
Ciudad de México y Europa, marzo de 1867-enero de 1868

DE CIRQUERAS DADIVOSAS Y MENSAJES CIFRADOS

El 13 de febrero de 1867, Maximiliano vio por última y efímera vez la capital, pues en la mañana de ese día marchó rumbo a Querétaro para ponerse al frente del Ejército imperial, tal y como se lo habían pedido Lares, Sánchez Navarro y Fischer, pero desoyendo un último y muy prudente consejo del embajador de Prusia, el barón Magnus, que lo instó a repatriarse a Europa antes de que fuera demasiado tarde. No deja de sorprender que el emperador que demoró su salida de Miramar para no embarcarse en un día 13, haya escogido precisamente otro día 13 para embarcarse en lo que sería la última batalla de su vida.

Teodosio Lares se sintió muy satisfecho con la decisión tomada ya que, a su juicio, trasladar el frente de batalla a Querétaro le ahorraba a la capital "las calamidades y los horrores de un sitio y un asalto". De lo que no debe haberse sentido tan satisfecho, al menos en su fuero interior y en su alma de devoto católico, es de haber engañado a Maximiliano con la promesa de abundantes recursos y de un ejército renovado, pues el emperador salió de Chapultepec con un mezquino presupuesto de cincuenta mil pesos y con una escuálida escolta de mil quinientos efectivos. En descargo de la memoria de don Teodosio he de decir que también acabó por engañarse a sí mismo, porque su ilimitada fe en los designios

177

divinos y en la verdad inmutable del triunfo de la causa conservadora lo llevaron a creer que en Querétaro se produciría una especie de milagro de multiplicación de los dineros y de las armas que sería el génesis de la anhelada victoria imperial.

En cambio, nada puede decirse en descargo de las respectivas memorias de Sánchez Navarro, Fischer y el mismo Lares, en lo tocante a haberse quedado, muy orondos y comodinos, en la ciudad de México, después de haber forzado al emperador a que cumpliera con la marcha a Querétaro como si se tratara de un artículo de fe o de una manda apostólica.

El resto de la historia es de sobra conocido, ya que de ella se han ocupado sesudos y brillantes historiadores, mexicanos y europeos, de todos los bandos y las tendencias, aunque he de consignar que discrepan y se contradicen mucho, incluso los que presumen de haber sido testigos presenciales de los hechos, como el doctor Basch, médico de cámara, y José Luis Blasio, secretario privado, ambos, desde luego, de Su Alteza Imperial. De modo que intentaré resumir los principales sucesos, toda vez que esta breve memoria está dedicada a la locura de Mamá Carlota y no a la desidia e ineptitud de su, para mí, cada día menos ilustre marido.

La batalla de Querétaro resultó una tragedia anunciada. El general republicano Mariano Escobedo reunió cuarenta mil hombres bien armados y pertrechados, que con relativa facilidad derrotaron a los nueve mil voluntarios que con grandes esfuerzos y sacrificios lograron armar los generales del imperio. Además, en el campamento imperial, como era de esperarse, reinaron las indecisiones y hasta las traiciones y el absurdo. Las traiciones: el general Leonardo Márquez, del que en otra parte de esta narración he dicho que era tan sanguinario como taimado, pretextando la defensa de Puebla que estaba a punto de ser atacada por el general Porfirio Díaz, tomó dos mil hombres (de los nueve mil que tenían) y abandonó al sitiado emperador para ser batido por el general Díaz a las afueras de Puebla y así aprovechar la coyuntura para escapar a La Habana miserablemente disfrazado de sepulturero, sin que se le pudiera acusar de deserción. Y el general Miguel López, a cuyo hijo varón el emperador había llevado a la pila bautismal, acabó por vender y entregar la plaza al general Escobedo. El absurdo: Maximiliano, que a su llegada a la conventual y festiva ciudad de Santiago de Querétaro se la pasó de fiesta en fiesta y de agasajo en agasajo, a la hora en la que tronaron los cañones y su salud y presencia de ánimo eran más necesarias que nunca, se pasó la mayor parte del tiempo aquejado de una incontenible disentería que lo hizo estar sentado largas horas en una bacinilla elevada.

En la madrugada del 14 de mayo, tres meses después de su llegada a Querétaro, el emperador rindió su espada al general Mariano Escobedo, que lo condujo en calidad de prisionero a una celda del antiguo convento franciscano de la Santa Cruz, desde la que es posible admirar un severo campanario de piedra y cantera coronado por una cruz del mismo material que tiene enlazado al centro el clásico cordón franciscano esculpido en la recia cantera.

En esa ciudad conventual y levítica, el emperador vivió los últimos treinta y dos días de su existencia, hasta que fue fusilado en la luminosa mañana del 19 de junio de 1867. Aunque dos de los testigos que estuvieron con Maximiliano el día en el que cayó abatido por las balas republicanas en el cerro de Las Campanas (que de febrero a mayo había servido de puesto de observación del Ejército imperial y debe su nombre al tintineo que producen las piedras cuando son golpeadas por el viento), que después escribieron sus memorias, Basch y Blasio, incurren en algunas contradicciones, todo indica que Maximiliano murió con gran dignidad y valentía, acompañado de los dos generales conservadores de mayor rango que fueron capturados con él: Miguel Miramón y Tomás Mejía.

179

No está por demás consignar que entre el 14 de mayo y el 19 de junio, mientras el caído emperador era sometido a un juicio en ausencia en el escenario del teatro Iturbide (irónicamente bautizado en honor del primer emperador, también fusilado por los republicanos y el único con el que Querétaro contaba), el presidente Benito Juárez, que había llegado a la cercana población de San Luis Potosí, recibió reiteradas peticiones de indulto para que Maximiliano pudiera retornar a Europa sin el trono de México pero con la vida a salvo. La más publicitada de todas fue la que llevó a cabo la princesa de Salm Salm, hermosa e intrépida mujer que de soltera llevó el nombre de Agnes Leclerc y que antes de contraer nupcias con el príncipe de Salm Salm (un aristócrata, aventurero y medio pillo, al parecer de origen austriaco) se había desempeñado en su natal Estados Unidos como caballista circense, acróbata y domadora. La princesa temperamental, fogosa, secretamente enamorada del gallardo talante del emperador y de su trato delicado y caballeroso, movió cielo y tierra hasta lograr una audiencia con Juárez en la que lo bañó de súplicas y lágrimas, acabando por arrojarse a sus pies, amenazando con no levantarse hasta que el indulto le fuera concedido, en una involuntaria recreación de lo que Carlota hiciera meses atrás al lanzarse a los pies calzados con las sandalias del pescador. Ante la inconmovible negativa del recio indio zapoteca, Agnes organizó a todo el cuerpo diplomático europeo acreditado en México, encabezado por el barón Lago, embajador de Austria, y por el barón Magnus, embajador de Prusia, para que le ofrecieran a Juárez, sin el aval de sus respectivos gobiernos, el pago de la deuda externa mexicana a cambio de la vida de Maximiliano. La idea era tan gratuita e impracticable que don Benito ni siquiera la tomó en cuenta.

Pero la princesa no se detenía ante nada. Al fracasar en San Luis Potosí, regresó a Querétaro y le ofreció una talega de onzas de oro y su bellísimo cuerpo al coronel Palacios, encargado de la custodia del emperador, si la ayudaba a consumar la fuga del imperial reo. El excitado Palacios (que sería blanco de incontables burlas de los demás oficiales de su regimiento) tascó el amargo freno de la disciplina militar y despachó a la antigua cirquera con insultos, no sin antes poner a su comandante, el general Mariano Escobedo, en conocimiento de los hechos, lo que le valió a la Salm Salm el inmediato destierro de Querétaro y eventualmente del país.

Sin embargo, la que sí estuvo a punto de salvar a Maximiliano fue una acción concertada de los gobiernos de Francia, Austria e Inglaterra aceptada en principio por el de los Estados Unidos de América. En circunstancias que no estoy autorizado a revelar pero que estuvieron relacionadas con mi desempeño como viceministro de Asuntos Exteriores del fracasado imperio, tuve conocimiento del siguiente intercambio de notas diplomáticas llevado a cabo entre el secretario de Estado, William H. Seward, y el embajador mexicano en Washington, Matías Romero, días antes de la ejecución del infortunado emperador.

De Seward a Romero:

"Estoy autorizado a informar al presidente Juárez que el emperador de Austria restablecerá de inmediato al príncipe Maximiliano en todos sus derechos de sucesión como archiduque de Austria tan pronto como Maximiliano renuncie para siempre a todas sus aspiraciones en México. Estaré muy agradecido si, *a su conveniencia*, envía este telegrama al presidente Juárez, con mi súplica, *si esto es compatible*, al príncipe Maximiliano para su información."

De Romero a Seward:

"Tengo el honor de comunicarle, en respuesta a la suya, que hoy mismo transmití la carta de usted al Departamento de Relaciones Exteriores de la República mexicana. Mi comunicación fue transmitida por telégrafo a Nueva Orleans desde donde podrá alcanzar en tiempo la salida del vapor que zarpa mañana en su viaje semanal a Matamoros. De la misma forma hago saber que envié el 15 su memorándum de esa fecha en el cual me hace saber que el emperador de Francia y la reina de Inglaterra se han dirigido al gobierno de los Estados Unidos, requiriéndole que interponga sus amplios oficios a favor de Maximiliano".

No se necesita ser un profundo conocedor de los avatares políticos de la época para llegar a la conclusión de que, hasta el final de sus días, Maximiliano fue la víctima propiciatoria de un conjunto de sucias maniobras diplomáticas que pretendieron paliar las conciencias de quienes lo embaucaron en la aventura mexicana para después dejarlo abandonado a su negra suerte. Las responsabilidades de Luis Napoleón y de Francisco José son por demás obvias. Sin embargo, la reina Victoria de Inglaterra también puso su granito de arena. Cuando el Imperio mexicano parecía viable y en proceso de consolidación, la soberana británica y futura emperatriz de la India (que difícilmente podía ignorar las reiteradas opiniones de su primer ministro, lord Palmerston, sobre la "degenerada condición del pueblo mexicano") le escribió a Maximiliano desde el castillo de Windsor, llamándolo "mi buen hermano el emperador de México", para decirle:

"Profundamente interesada en la tranquilidad y bienestar de México, confío en que el establecimiento del imperio ha de ser el principio de una nueva era de orden y prosperidad en aquel país; y Vuestra Majestad Imperial puede estar seguro de que mis mejores oficios no faltarán para mejorar y extender las relaciones entre la Gran Bretaña y el imperio que la Divina Providencia ha situado bajo vuestra égida".

Por eso, cuando el interfecto languidecía en su celda del convento de la Santa Cruz en Querétaro, las cancillerías francesa, austriaca e inglesa buscaron presionar a Seward, que gracias al protocolo secreto de asistencia militar y política que, en 1866, el embajador Matías Romero había firmado con los Estados Unidos por intermediación del general Ulises Grant, se había convertido en el fiel de la balanza del poder en México, para que intercediera ante Juárez por la vida de Maximiliano, al que en el camino degradaron de emperador a príncipe, ofreciéndole lo único que le podían ofrecer: la renuncia del bueno de Max a "todas sus aspiraciones en México", y la garantía de que merced al restablecimiento de sus derechos de sucesión como archiduque de Austria, el fallido emperador no volvería a poner una de sus elegantes botas en el continente americano.

Seward, que ya había obtenido lo que quería en México, decidió darles por su lado a los europeos, pretendiendo que la decisión estaba en manos del presidente Juárez, y le envió la invocada nota diplomática a Matías Romero con evidentes instrucciones entre líneas: transmitir el mensaje a Juárez "a su conveniencia", es decir, cuando le viniera en gana, e informar de las gestiones diplomáticas al príncipe Maximiliano, "si esto es compatible", esto es, cuando ya estuviera muerto.

Por su parte, Matías Romero (de común acuerdo con Seward, que lo tenía atado de pies y manos con el mencionado protocolo secreto de asistencia militar y política) escogió la ruta de envío más larga que pudo encontrar: telegrama a Nueva Orleans, traslado en paquebote a Matamoros y de ahí por el lentísimo servicio de los caballos de posta del precario correo mexicano hasta la lejana ciudad de San Luis Potosí en donde se hallaba Juárez. Todo ello con el evidente propósito de que las buenas nuevas de Seward llegaran cuando Maximiliano yaciera abatido a balazos en el cerro de Las Campanas.

Porque es a todas luces evidente, o al menos así me lo parece, que Seward y Juárez, en cuanto Maximiliano cayó prisionero, al unísono decidieron que había que ejecutarlo sin dilación alguna, para enviar el claro mensaje a las potencias europeas de que América, y con ella México, jamás volvería a tolerar injerencia europea alguna en sus asuntos políticos y, sobre todo, en sus formas y sistemas de gobierno.

Eso es lo que les pasa a los crédulos ungidos por el supuesto "derecho divino de los reyes" que se meten a nadar en un estanque lleno de tiburones republicanos y de boas reaccionarias de espadón, misal y levita, en medio del señorial bosque de Chapultepec.

Juegos funerarios

El cadáver del fusilado emperador fue objeto de una serie de juegos funerarios inspirados por un extemporáneo, pero no por ello menos maquiavélico, afán de venganza, en los que estoy convencido de que la eminencia gris fue el todopoderoso ministro republicano, Sebastián Lerdo de Tejada, un antiguo jesuita que colgó la sotana para transformarse en liberal radical. Desde los tiempos de la intervención francesa, Lerdo de Tejada se convirtió en la sombra y en el consejero predilecto de don Benito Juárez, al que en todo tiempo indujo a adoptar las más radicales de las medidas en contra de los conservadores y hasta en contra de las arraigadas creencias religiosas del pueblo mexicano. A la muerte de Juárez, ocurrida en julio de 1872, ocupó la presidencia de la República durante un periodo de poco más de tres años. Su gestión resultó desastrosa, pues estuvo marcada por una guerra religiosa que no llegó a tener las fatales consecuencias que a su inicio se temieron porque a principios de 1876 fue derrocado por el general Porfirio Díaz, que lo desterró a Nueva York, en donde falleció varios años más tarde, en una casa de huéspedes ubicada en plena Quinta Avenida.

Como preludio de lo que haría en los años por venir, entre junio y noviembre de 1867, Lerdo de Tejada llevó a cabo perversos y macabros juegos con el cadáver

185

de Maximiliano de Habsburgo. Para empezar, se negó a entregarlo, como lo tenía prometido el general Escobedo, al médico de cámara, Samuel Basch y al embajador de Prusia. Después, cuando llegó a Querétaro el señor Schmidt, secretario de la embajada austriaca, le exigió una petición formal del gobierno de su país o, en su defecto, de la casa imperial de los Habsburgo. Y por último encomendó el embalsamamiento a dos medicuchos de pueblo, los doctores Licea y Rivadeneira (ambos "de aspecto repugnante", según escribió en sus memorias Agnes Salm Salm) que no solamente hicieron un pésimo trabajo sino que organizaron un pingüe negocio traficando con los cabellos, las barbas, los ojos azules y hasta con las vísceras del finalmente desdichado emperador. Inclusive a mí, años más tarde, una señora de Querétaro me ofreció en venta un relicario que, según me dijo, estaba hecho con los rubios cabellos de Maximiliano. El único gesto de relativa generosidad consistió en permitir que un grupo de piadosas mujeres llenaran las cuencas vacías del archiduque con los ojos negros arrancados a la imagen estofada de la Dolorosa que está o estaba en la iglesia de fachada neoclásica del convento de las carmelitas descalzas de Querétaro, popularmente conocido como "Las Teresitas".

A fines de julio, el cadáver de Maximiliano fue trasladado a la ciudad de México en una caja de madera forrada de zinc por dentro y de terciopelo por fuera y se depositó en la nave de la iglesia de San Andrés frente a la Alameda. La iglesia se encontraba vacía desde que fue confiscada por el gobierno juarista en aplicación de las leyes de Reforma. De nueva cuenta, Lerdo de Tejada se negó a entregar el cuerpo a pesar de la petición formulada por el embajador de Austria en México, el barón Lago.

En la iglesia de San Andrés, el cadáver fue colgado de los tobillos para vaciarle todos los fluidos y volverlo a embalsamar, tratando de remediar en algo el pésimo trabajo hecho por Licea y Rivadeneira. Según parece, a fines de septiembre o principios de octubre, Juárez y Lerdo de Tejada pasaron toda una tarde en el templo de San Andrés contemplando el cuerpo desnudo de Maximiliano para satisfacer su vengativa y morbosa curiosidad. Se dice que fue entonces cuando don Benito pronunció la siguiente frase: "Era más alto de lo que creía, pero no era inteligente".

A fines de octubre arribó al puerto de Veracruz la fragata *Novara* (la misma que había traído a México al fallido emperador desde el castillo de Miramar) al mando del almirante Tegethoff, comandante en jefe de la Marina austrohúngara, que portaba las cartas credenciales necesarias para reclamar el cadáver del archiduque de Habsburgo. Aunque parezca increíble, el bellaco y renegado ex jesuita se negó a entregar el cuerpo, aduciendo que necesitaba de una petición formal firmada por el canciller del imperio. El documento en cuestión tardó tres semanas en llegar y fue hasta entonces cuando en la oscura nave de la iglesia de San Andrés, finalmente se hizo entrega del cuerpo a los legítimos representantes del gobierno austriaco.

Tengo la impresión de que este precedente ilustra perfectamente la imbécil perversión de los mandarines de la burocracia mexicana de sujetar hasta la más insignificante de las gestiones administrativas a incontables trámites, papeleos y dilaciones que no persiguen otro propósito que el de ejercer la mediocridad de su transitorio poder, sin que les importe en lo absoluto hacer que los ciudadanos que se ven obligados a recurrir a ellos, inclusive en situaciones de angustia merecedoras del más elemental de los decoros, pasen por un absurdo calvario.

Al recibir el cadáver, el almirante Tegethoff ordenó que se le colocara en una caja de madera conocida como "palo de granadilla", forrada por dentro de cedro y con la tapa adornada por una cruz de plata y la letra "M" en oro macizo. El doctor Basch, como médico de cámara de Maximiliano, dio fe del acto y certificó que el cuerpo tenía aspecto de momia y que el rostro estaba completamente ennegrecido, pero que, en lo general, se encontraba bien conservado, dadas las circunstancias.

El 26 de noviembre de 1867, tras escuchar los 101 cañonazos de rigor, la bella y estilizada fragata *Novara* zarpó de Veracruz con el féretro, cuyo destino final se encontraba en la cripta de los Capuchinos en Viena, sobriamente instalado en el camarote que reproducía el despacho del castillo de Miramar que el difunto príncipe nunca más ocuparía.

Así se fue el emperador.

ENTRE RITOS PROPICIATORIOS

La noticia del fusilamiento de Maximiliano llegó a París en la soleada mañana de principios de julio en la que el emperador Napoleón III iba a hacer entrega de los premios a los participantes en la Exposición Universal de 1867, que fue todo un éxito gracias al nutrido concurso de expositores de casi todos los países del mundo que engalanaron los más de cuarenta mil metros cuadrados del área que va de los bancos del Sena hasta la explanada de la Escuela Militar, conocida como el Campo de Marte, con incontables pabellones, kioskos y tiendas, en los que se exhibieron las muestras más acabadas tanto de las respectivas culturas como de los más recientes avances en la técnica y el progreso.

Luis Napoleón ordenó que la noticia se divulgara hasta el día siguiente y, en consecuencia, se procedió a la ceremonia de premiación sin cambio alguno. El emperador de los franceses pronunció un rimbombante discurso en el que aseguró que Francia se había mostrado al mundo tal como era, "grande, próspera y libre, laboriosa y tranquila, y llena siempre de generosas ideas". El principito imperial, Lulú, de uniforme de gala, y la emperatriz Eugenia, resplandeciente en un vestido blanco de seda y coronada por una tiara de diamantes, entregaron los premios a los agradecidos expositores. La ceremonia concluyó con el desfile de la familia imperial en la carroza dorada extraída del museo en el que se había convertido el Trianón de María Antonieta, escoltada por los vistosos lanceros de la guardia imperial.

Al día siguiente, en cuanto se supo la noticia de la muerte del trasnochado archiduque, estalló la tormenta en la siempre excitable opinión pública francesa. Eugenia se salió por la tangente culpando al Vaticano y a los Estados Unidos del magnicidio. *Le Moniteur*, especie de periódico oficial, se fue con todo contra Juárez, afirmando que "el asesinato del emperador Maximiliano excitará un sentimiento de horror universal. Este acto infame, decretado por Juárez, imprime sobre las frentes de los hombres que se dicen representantes de la República mexicana un borrón imborrable (sic); la reprobación de todas las naciones cultas será el primer castigo del gobierno que tiene a su frente a semejante jefe".

Le Moniteur marcó el tono del resto de la prensa parisina, uno de cuyos periódicos llegó a afirmar que "los hombres de todos los colores concuerdan en aborrecer este acto cruel, esta violación salvaje del derecho de gentes... Aún cuando imprime un sello fúnebre en nuestra expedición, en el concepto de muchos este crimen autoriza nuestro malogrado esfuerzo, ya que comprueba cuán incapaz era México de regenerarse y cuán indigno de gobernarlo era Juárez".

Sin embargo, los líderes políticos de la oposición que seis años más tarde fundaría la Tercera República, Jules Favre y Adolphe Thiers, destacaron que el principal culpable de lo acontecido era Luis Napoleón por haber hundido a Francia en las iniquidades que son propias de todo gobierno personalista que ignora las opiniones y el sentir de sus súbditos, así como por su imprevisión al lanzarse a la aventura mexicana sin calibrar los graves riesgos que para Francia representaron el creciente militarismo prusiano y las también crecientes actitudes bélicas del canciller Otto von Bismarck.

Pero la indignación y los reproches duraron alrededor de un mes. El 18 de agosto, en un claro y apacible día de sol que caía con desparpajo sobre la majestuosa región de los lagos austriacos, se reunieron en Salzburgo Luis Napoleón y Eugenia con Francisco José y su esposa Elizabeth, la bellísima Sissi, que en esa ocasión opacó por completo a la de Montijo. El motivo ostensible estuvo constituido por la presentación de las condolencias de los emperadores de Francia a sus pares austrohúngaros, con motivo de la trágica muerte del archiduque Fernando Maximiliano. Inclusive la sede de la visita de Estado tuvo que cambiarse de Viena a Salzburgo porque, por una parte, la madre del fallecido, la archiduquesa Sofía, se negó a recibir a los *parvenus* llegados de París y porque, además, se temían manifestaciones hostiles de los indignados vieneses en contra del pequeño Napoleón, por la ya para esos días conocidísima, pero no por eso menos válida, razón de haber embaucado a su querido archiduque para después abandonarlo, con toda frialdad y cinismo, cuando no le salió la ecuación política.

El canciller austriaco, el conde de Beust, reportó que al inicio de las pláticas mucho se habló sobre la trágica suerte del fallido emperador de México, pero que tras las condolencias de rigor, Luis Napoleón y Francisco José se involucraron en una larga y animada conversación sobre las vicisitudes políticas del momento: la amenaza de Prusia, las últimas declaraciones de Bismarck, la inminente guerra entre Grecia y Turquía por el control de la estratégica isla de Creta, y el "eterno avispero balcánico". Dicho en otras palabras, el muerto a la cripta de los Capuchinos y los vivos a seguir con los negocios usuales de sus respectivos imperios.

Es de hacerse notar que el conde de Beust nada dice sobre la posibilidad de que las bellas emperatrices hayan derramado siquiera una fingida lágrima en recuerdo de la desventurada loca que, para esas fechas, iba a cumplir un año recluida en el Gartenhaus de Miramar y que tanto había hecho por prevenir el fatal desenlace del que ahora hipócritamente se condolían, buscando, al mismo tiempo, la forma de sacarle la vuelta.

Un detalle curioso. Maximiliano, aun después de muerto, cumplió por lo menos con una de sus promesas. El día en el que se recibió en París la noticia de su cruel fusilamiento, en una esquina del Campo de Marte cercana a los muelles del Sena, refulgía en la célebre Exposición Universal de 1867 el pabellón del Imperio mexicano, cuyo centro era ocupado por una aceptable reproducción de la pirámide de Xochicalco (no de las de Teotihuacán, como me lo había anunciado un año atrás el secretario de la embajada de México). En la guía oficial se leía: "En esta pirámide los antiguos mexicanos sacrificaban al sol y a sus dioses de la guerra, entre ritos propiciatorios, víctimas tomadas de sus enemigos sacándoles el corazón todavía latente con filosos cuchillos de obsidiana. Los canales que se advierten a los costados, se utilizaban para la caída y desagüe de la sangre de las víctimas".

EL IMPERIO DE LOS MEDIOCRES

El 18 de enero de 1868, en una mañana en la que Viena fue azotada por una gran nevada acompañada de fuertes y helados vientos, Fernando Maximiliano José de Habsburgo, siervo del Señor, archiduque de Austria, príncipe de Hungría, príncipe de Lorena, príncipe de Bohemia, pobre pecador y fugaz emperador de México, fue enterrado en la cripta de los Capuchinos tras un solemne funeral de Estado celebrado en el salón imperial del palacio de Hoffburgo. No deja de ser extraño que su madre, la archiduquesa Sofía, que dirigió los funerales, haya escogido como lugar de reposo eterno un sarcófago situado exactamente al lado del que guarda los restos del duque de Reichstadt y rey de Roma, a quien Carlota, en la mismísima *suite* imperial del Grand Hotel de París y en las narices de Luis Napoleón y Eugenia, señalara como el verdadero padre de Maximiliano, lo que, según ella, convertía a este último en el genuino Napoleón III.

He de consignar que ese día nos encontrábamos en Europa varios miembros de lo que fuera el Consejo Imperial y la corte de Chapultepec. Almonte, Hidalgo y Arrangoiz ya vivían en Francia. El chambelán conde del Valle de Orizaba, que residía en Madrid, y la señora Del Barrio, que con su marido y sus hijos acabó refugiándose en Sevilla, ante el fundado temor de ser perseguida por los republicanos por su cercanía e intimidad con la

193

emperatriz Carlota Amalia y, al mismo tiempo, aleján-
dose con prudencia de las cortes de Viena y Bruselas
que no podían ignorar que era sabedora del negro y pe-
ligroso secreto del embarazo de Mamá Carlota. Por mi
parte, me hallaba en París en la última etapa de mi largo
viaje de bodas.

Esto último me obliga a narrar algunos aspectos
de mi vida personal. En cuanto el emperador se marchó
a Querétaro, me quedé sin trabajo. Mi presencia ya no
fue requerida ni en el castillo de Chapultepec ni en el palacio imperial. Así que decidí refugiarme en mi hacienda
de Coapa, a las afueras de la ciudad de México, porque
en el casco viejo de la capital corrían insistentes rumores
acerca de la inminente toma de la plaza por las fuerzas
del general republicano Porfirio Díaz, del que se decía
que ya se había apoderado de Puebla. Sin embargo, no
me marché sin antes celebrar y consumar mi matrimonio con la linda y poética señorita Rosario de la Barrera, porque me urgía tomar estado y formar una familia,
después de tantos trajines y desengaños. Con el tiempo y
los hijos, Rosario dejó de ser linda para volverse robusta,
y de ser poética para tornarse en una recia matrona que,
al estilo de mi desventurada emperatriz, dirigió mi vida
con mano de hierro. Pero eso, como les sucede a todos
los comunes mortales que caen en las redes del matrimonio, no podía adivinarlo el día que contraje nupcias.
De cualquier manera, pasé tres enamorados meses con
Rosario (antes de que se volviera, a la usanza mexicana,
"doña Chayito") en la hacienda de Coapa administrada
por mis hermanos menores bajo el régimen de "infan-
zón", que me permitía ser el señor de la hacienda sin
tener que administrarla. Afortunadamente, la toma de
la capital a manos del general Díaz no se tradujo, como
casi todos temíamos, en una avalancha de persecuciones
y represalias.

No obstante, en cuanto Juárez y Lerdo de Tejada
tomaron el control de la situación, las cosas empezaron
a cambiar. Para empezar, don Juan Sánchez Navarro, el

más reaccionario y agresivo de los ministros que integraron el desaparecido Consejo Imperial, sufrió la expropiación, sin indemnización alguna, de las vastas y ricas haciendas que poseía en el centro y el norte del país. El conde del Valle de Orizaba y don Francisco Arrangoiz también sufrieron la pérdida de importantes propiedades. Ante tal situación, siguiendo el consejo del siempre prudente Teodosio Lares y tras hacer una serie de arreglos legales con mis hermanos para proteger nuestro patrimonio común, en octubre de 1867 emprendí un largo viaje de bodas que me llevó a Inglaterra, Francia, España, Italia, Suiza y otra vez a Francia. Por alguna razón perdida en los recovecos de mi subconsciente, no quise acercarme a la frontera austriaca.

En París leí la noticia de la llegada a Trieste de la *Novara* con los restos mortales del archiduque Maximiliano de Habsburgo (a esas alturas ya casi nadie le llamaba "emperador de México") y su posterior traslado por ferrocarril a Viena para ser velado en el palacio imperial de Hoffburgo y posteriormente enterrado en la cripta del convento de los Capuchinos. Si esa misma noche tomaba el expreso a Viena, en cuatro días estaría presentando mis respetos al féretro del caído emperador. No había nada que me lo impidiera, salvo una avalancha de nieve que bloqueara las vías del tren, aunque ese no fue el caso.

Pasé varios días cavilando sobre la decisión a tomar. Podría plasmar aquí un buen número de excusas. El temor a ser mal recibido en Viena a consecuencia del desastre sufrido en México por la casa imperial de los Habsburgo; el tener que dar imposibles explicaciones sobre la conducta de los conservadores mexicanos que fuimos incapaces de sostener a nuestro emperador tras haberle asegurado y garantizado, cuando aún se encontraba a salvo en Miramar, que contaría con el apoyo incondicional de la gran mayoría del pueblo mexicano; el triste papel que haría ante mi joven y bella esposa uniéndome a la retaguardia de una caravana de dolientes que llevarían clavado en la frente el signo de la derrota total en medio de un frío de muerte; la inutilidad de rendirle un penoso homenaje final a un hombre que en vez de brindarnos la grandeza de espíritu y de gobierno asociada a la noble estirpe de Carlomagno y Carlos V, se hundió en un abismo de indecisiones, ineptitudes, contradicciones, frivolidades y tonterías sin fin, hasta desembocar en el cadalso de Querétaro; la repugnancia que me producía el tener que enfrentar los fantasmas de mi frustrante pasado reciente en esa sombría caravana de dolientes fracasados que incluían al secretario privado José Luis Blasio, al médico de cámara Samuel Basch, al embajador barón de Lago, al almirante Tegethoff y al cónsul-secretario Schmidt, entre otros. Y por encima de todo, el tener que enfrentar la sombra de la reclusa enajenada, Carlota Amalia, que cual ángel de la muerte volaría sobre el cortejo para reprocharnos y maldecirnos por nuestros fracasos, nuestras vacilaciones y nuestros engaños, pero sobre todo por haberla relegado al olvido dantesco de su locura, antes de que Maximiliano rindiera la espada imperial en Querétaro.

¿A qué seguir? Podría llenar varias páginas con este rosario de excusas y pretextos, pero aun así no estaría diciendo la verdad, porque la verdad es que desde que llegué a Europa en una fuga disfrazada de luna de miel, viví en un estado de terror provocado por la constatación de un conjunto de realidades que me hicieron sentir, por vez primera, desnudo y desprotegido ante la vida y sus consecuencias. La caída del imperio en el que creí en un principio, me hizo ver que México es en verdad el país de las traiciones encubiertas por frases de extrema cortesía, la tierra de los cuchillos de obsidiana, que sirven para propinar puñaladas por la espalda, la región en donde la Justicia y el Derecho no son más que meros formulismos que se acomodan al interés y hasta el capricho de quienes imparten la primera y dictan el segundo, para transparentar el poder decisivo, y generalmente arbitrario, de los grandes y pequeños tlatoanis que, a fin de cuentas, deben ese poder no a los ciudadanos, ni siquiera a su astucia e inteligencia, sino al haber encontrado la forma de responder a los dictados expansionistas de los Estados Unidos de América, sin aparentar que lo hacen; y el imperio de la mediocracia que llena los vacíos de poder para perseguir, esquilmar y extorsionar a quienes no tienen los medios para defenderse.

Durante un buen tiempo creí estar protegido por los baluartes de una buena educación y de un razonable patrimonio, pero la brutal caída del imperio me hizo palpar y sentir la perversa realidad de nuestro aparente progreso liberal. Me vienen a la mente dos casos que en ese entonces me aterraron y me angustiaron. El del señor Juan Sánchez Navarro, dogmático, intransigente, ampuloso, necio y todo lo que se quiera, que ejerció el derecho, que en cualquier país liberal y progresista le habría sido respetado, de adherirse y colaborar con el imperio porque, bien o mal, juzgó que esa era la mejor opción política para su patria. Sin embargo, el simple ejercicio de ese derecho ocasionó que fuera perseguido sin cuartel y que las propiedades que su familia había acumulado por generaciones le fueran confiscadas sin otras causas que las de la expoliación y el revanchismo político.

Por otra parte, la Iglesia católica arrastra una gran cantidad de culpas históricas. De ahí la importancia de la reforma liberal que implementó los principios políticos fundamentales de la separación de las investiduras, de la libertad religiosa, de la educación laica y de la nacionalización de los extensos e improductivos bienes denominados de manos muertas. Pero eso, en modo alguno, pudo servir de pretexto para que una turba de barbajanes, protegida por el gobierno juarista, arrasara con templos y conventos que constituían algunas de las joyas arquitectónicas más valiosas de nuestra herencia colonial, así como para que se saquearan y se dilapidaran tesoros artísticos que representaban el genio de varios siglos.

¿Quién llevó a cabo todo eso? Un grupo de hombrecitos mediocres, socialmente resentidos, taimados e intelectualmente deshonestos, sostenidos por el dinero y los cañones de la vecina potencia. Aunque debo decir, en mérito de la verdad, que de ese grupo la figura de don Benito Juárez merece una valoración aparte, que trataré de hacer antes de poner punto final a estas agitadas memorias.

En ese crudo invierno europeo de 1868, el terror mental me tenía sobrecogido, pues había llegado a la conclusión de que el solo hecho de haber participado en un gobierno del que sinceramente pensé (aunque ahora pueda parecer un redomado iluso como Maximiliano) que podía hacer de México una nación de leyes y de instituciones justas, podía llevarme a la ruina, quizá a prisión y por seguro al oprobio público y privado, en medio de una sarta de acusaciones legaloides, de sentencias dictadas por jueces amañados y del triunfo final de los mediocres para los que una defensa basada en la lógica, la razón, el sentido de la justicia inmanente y las garantías individuales, nada significa ante la mañosa imposición de sus corruptas y desviadas miras.

Fue en ese entonces que sentí encontrar en Carlota Amalia un alma gemela, porque cuando se ha experimentado una gran frustración, los remolinos de la mente, con su cauda incontenible de malos recuerdos y malos presagios, inevitablemente llevan al delirio de persecución. El sentir que las defensas y las seguridades construidas a lo largo de la vida se pueden derrumbar en un santiamén merced a la acción concertada de seres no solamente mediocres sino también malvados, tiende a romper los diques de la salud mental y a propiciar un estado casi permanente de inseguridad y de terror recurrentes. Aunque las cosas se enderecen y la vida retome un curso más o menos satisfactorio, el trauma queda escondido ahí, en un recóndito lugar de la impredecible subconciencia y, como la peste, puede brotar en cualquier momento de tranquilidad y alegría para reabrir, con cizaña y dolor, las profundas heridas de la mente.

En ese estado de confusión mental (agravado por el hecho de que la sensación de lejanía tiende a agrandar los problemas, de que uno se puede alejar de los demás pero no de sí mismo y de que nada podía decirle a mi todavía inexperta y romántica esposa) transcurrió mi viaje de bodas por Europa. Y por lo tanto, me abstuve de acudir a las exequias de Maximiliano. No quise aumentar mis terrores subconscientes y mi recurrente delirio de persecución con el encuentro de los fantasmas de mi pasado reciente y con una visita a la cripta de los Capuchinos que me había hecho evocar, apenas un año atrás, el terror y la soledad irreversibles de la muerte.

Un dato curioso: el principal autor intelectual de la tragedia, José María Gutiérrez Estrada, tampoco pudo asistir al sepelio por causas irreversibles. El mes de marzo anterior falleció en su señorial palacio Marescotti en Roma, en los brazos de su estirada y reseca condesa austriaca.

Mɪ Cᴀʀʟᴏᴛᴀ ɪᴍᴀɢɪɴᴀʀɪᴀ

Castillo de Miramar, septiembre de 1868

"Lo esperaré sesenta años"

Los vasallos se rindieron, al fin, ante Su Alteza Imperial. Quitaron los cerrojos de las puertas y desatornillaron las ventanas. Carlota caminó impulsada por el viento que venía del mar Adriático sobre las terrazas delineadas por balaustradas de corte medieval. Atrás de ella, sin perderla de vista, venía la caravana de damas de compañía, médicos y ujieres, todos de negro, que la seguían como buitres que esperan saciar el hambre con los restos de su vientre profanado y corrupto. ¡Zopilotes! Así les decían en Veracruz, como lo supo aquella mañana de su arribo a México, sin recepción oficial y de tan sólo una misa de acción de gracias en esa iglesia de paredes casi desnudas entre las que aullaba el viento del norte mientras sus súbditos posaban en las rodillas sombreros de los que colgaban toquillas de plata de rebuscadas formas y se daban el fresco con abanicos de mujer.

Antes de enfrentar a su hermano, el duque de Flandes, y a su cuñada, la emperatriz Elizabeth de Austria, tenía que hacer el respectivo inventario, aprovechando el tramo de lucidez que la inesperada liberación del Gartenhaus ("el jardín de aclimatación" como lo llamaría la perversa Eugenia de Montijo) le había producido al caer esa mañana los cerrojos y los tornillos.

Si después del fiasco de Veracruz los habían recibido en la capital con gigantescos arcos triunfales que expresaban suntuosas alegorías a la paz, las flores, el comercio y la agricultura, era porque el principal de ellos, el de la paz, el mariscal Bazaine y el general Neigre lo habían coronado con sendos bustos de Luis Napoleón y Eugenia, para que quedara en claro quién iba a mandar en México.

La muchedumbre de indios mustios y azorados que vitoreó su entrada a la ciudad bajo una lluvia de flores y con efusión de versos, proclamas y monumentos (como la glorieta conmemorativa edificada frente al Teatro Imperial por la diputación de Guanajuato) que la embriagaron con el néctar del poder, había sido reclutada la víspera por el general Almonte a razón de tres centavos y un vaso de pulque por cabeza.

El baile en el Teatro Imperial nada tuvo que envidiarle a la más suntuosa de las recepciones en el palacio de Belvedere de la lejana y sofisticada Viena. El escenario se prolongó hasta el patio de butacas, viéndose bañado por la luz que manaba de grandes candiles para multiplicarse en los incontables espejos y bandas de colores que adornaron paredes y columnas. El piso fue cubierto con una alfombra blanca regada con escarcha de plata pura y sobre las cabezas de los emperadores no dejó de caer el fino confeti hecho de polvo de oro auténtico, para que no olvidaran que habían venido a reinar en la mítica tierra de El Dorado, Sonora y el cuerno de la abundancia simbolizado por los minerales de Taxco, Zacatecas y Guanajuato. Pero dos años más tarde los efluvios de ese baile de ensueño se desvanecieron en la quiebra del imperio y el triunfo de las armas republicanas sostenidas por la potencia del norte. Todo había sido una quimera. Carlota había flotado en la espuma de oro y plata del Teatro Imperial para desembocar en la locura de la Biblioteca Vaticana. Al final del camino el agrio ultramontano, Lucas Alamán, había estado en lo cierto: "México como nación es un aborto".

¿Qué hacer ahora con aquellas ofrendas de los indios de El Naranjal, ese pueblo cercano a la risueña villa de Orizaba: "Nuestro honorable emperador, aquí tienes a estos pobrecillos indios, hijos tuyos, que han venido a saludarte, y a que sepas que les agrada mucho al corazón tu venida, porque en ella ven, a manera de un arco iris que desbarata las nubes de discordia, que parece se han avecinado en nuestro reino. El Todopoderoso es el que te manda; que Él te dé fuerza para que nos salves. Aquí está esta flor, mira en ella una señal de nuestro cariño. Te la dan, tus hijos del pueblo de El Naranjal"? ¿Qué hacer si la más buena de las voluntades de redimir a ese pueblo anhelante de salvación en la concordia se había estrellado, una y otra vez, hasta la locura y la desesperación, ante la pérfida e hipócrita negligencia de Luis Napoleón y Eugenia ("Suceda lo que suceda en Europa la ayuda de Francia nunca le faltará a México") así como ante la barrera dogmática del supuesto representante del Todopoderoso en la tierra, el infalible Pío Nono, que bajo los incunables de la Biblioteca Vaticana le había espetado, sin misericordia alguna para sus pobrecillos hijos del El Naranjal, el lema de su intolerancia: "Los derechos de los pueblos sin duda son grandes, pero los de la Iglesia son mucho mayores"?

¿Para qué, se preguntaría ahora Carla, habían servido esos derechos mayores de la Iglesia? ¿Para que un pueblo como el mexicano que llevaba más de cuatro siglos entregado al catolicismo quedara a merced de la mayor de las potencias protestantes? ¿En qué lugar se había perdido la congruencia? ¿Por qué nada había sido como debiera? ¿Por qué la Ilustración francesa y la justicia austriaca, joyas de la milenaria cultura europea, no habían podido con una banda de testaferros del todavía vacilante imperio yanqui? ¿Por qué Luis Napoleón les había destinado como sostén al más frívolo e incompetente de sus generales? ¿Por qué en el país en el que todo puede suceder no habían podido hacer nada? ¿Por qué nadie había pensado en el bien mayor, la consolidación del imperio, sino tan sólo en sus pequeños y mezquinos intereses? ¿Para qué el esfuerzo de crear una corte civilizada en el castillo de Chapultepec, si la generala Almonte, tan estúpida como servil, utilizaba los cubiertos traídos de la casa Christofle de París para rascarse las liendres de la cabeza antes de robárselos? ¿Por qué todo había salido tan mal? Era como para volverse loca.

Loca de impotencia porque nada había obedecido a las leyes elementales del sentido común. Locura había sido casarse con el bello de Max ("*Qu'il est beau, notre Max*", había exclamado al conocerlo su padre, el rey Leopoldo de Bélgica) solamente para encontrarse abandonada en el lecho conyugal, sustituida por un catre de campaña que terminó olvidado en un convento de esa ciudad de nombre impronunciable, Querétaro, cual raquítico recuerdo de un emperador todavía más raquítico.

Locura había sido entregarse a Van der Smissen por apuesto que fuera y por sola que se sintiera. No había sido la primera princesa europea, ni sería la última, que hubiera probado los deliquios de un amor ilícito para compensar la aridez de un matrimonio de Estado (su suegra, la archiduquesa Sofía, lo había hecho a lo grande hasta ganarse a pulso el mote de "Madame Putifar") pero ella, Carlota, se había arrastrado demasiado lejos a sabiendas de que nadie aceptaría al bastardo que llevaba en el vientre imperial al regresar a Europa, así se hubiera empeñado en bautizarlo con una abreviatura del nombre del marido ausente del débito conyugal, Maxime. No los había engañado. Incluso afirmaban que su locura era el modo más conveniente de eludir sus graves responsabilidades con las dinastías de los Habsburgo y de los Sajonia-Coburgo. Algo le decía que pronto sería expulsada de Miramar para recluírsele en un húmedo castillo de su Bélgica natal. También algo le decía que estaban contados los días del viril y caballeroso Van der Smissen. Ninguna corte europea estaba dispuesta a admitir que el sonoro fracaso en el Nuevo Mundo viniera acompañado de una bastardía tan gratuita como injustificable. Los padres de los bastardos de la aristocracia europea solían irse pronto de este mundo como había ocurrido con el presunto padre de Maximiliano, el joven e infeliz duque de Reichstadt o Napoleón II, que la historia finalmente registraría como rey de Roma. Pobre Van der Smissen, al penetrarla con potencia y pasión hasta hacerla olvidar tanto su alcurnia como lo yermo de su vientre, había firmado su sentencia de muerte.

En la locura de la muerte que la acechaba a partir de cada amanecer, ahora debía encontrar la fidelidad que las tentaciones de la lujuria le hicieron olvidar y pagar a un precio que iba más allá de lo que jamás se imaginaría en sus felices e insensatos tiempos de idolatrada emperatriz de México. La rancia aristocracia de los Sajonia- Coburgo-Gotha jamás admitiría en su seno a nadie cuya sangre no se hubiera purificado tras un baño de siglos de nobleza indiscutida, como los Habsburgo, descendientes directos de la dinastía Carolingia, fundadora del reino más grande que la historia ha conocido: el Sacro Imperio Romano Germánico. La verdadera aristocracia europea no es solo un círculo cerrado sino inexpugnable.

Por eso Van der Smissen y el bastardo Maxime debían caer en un olvido alucinado de seis décadas para que Max, su "tesoro adorado", resplandeciera en el mundo difuso de sus recuerdos como el único hombre que ella conociera, como su sol y su guía que en los rudos tiempos por venir le devolviera la carta de naturalización que le permitiera deambular, insensatamente feliz e infeliz, por los largos y lejanos corredores de la demencia juvenil, madura y senil: el sentido de pertenencia a la verdadera realeza facultada por Dios para regir los imperios que en la tierra han sido porque fueron fundados en el cielo. De ahora en adelante, Max sería el dueño de su vida y de sus sueños. Max sería su casa y su convento, la única explicación posible de su vida pasada y de sus desvaríos presentes y futuros. Por algo le había escrito desde Roma, cuando sentía que estaba a punto de ser envenenada por uno de sus tantos enemigos, que "mi última voluntad es que a mi cuerpo no se le haga autopsia". Los fantasmas

207

de Van der Smissen y de Maxime, el bastardo, tenían que hundirse para siempre en alguno de los fosos que rodean los castillos de piedra y lluvia que yacen en las profundidades de los bosques de las Ardenas.

Al menos quedaba el recuerdo de Yucatán. Las cabalgatas por la densa jungla interrumpida por las colosales e intricadas construcciones del México antiguo, al lado del coronel de la hermosa sonrisa y de los ojos brillantes, que le ofrecía orquídeas (símbolo floral de la vaina femenina) como preludio al acto de la carne que consumiría la suya hasta realizar el milagro de la gestación vergonzante que quedaría oculta tras los cerrojos del Gartenhaus de Miramar. Las mesticitas mayas que cada vez que bajaba del caballo para saciar la sed provocada por el candente sol del subtrópico, le ofrecían agua de cenote, a veces endulzada con miel de abeja, en caracoles marinos, mientras Van der Smissen, so pretexto de sostenerla en el suelo colmado de raíces y hojas de mangle, le oprimía discretamente el seno del corazón. ¿Qué podía ella hacer ante la intensa e insensata virilidad del comandante en jefe del cuerpo de voluntarios belgas que su hermano, el duque de Brabante, bautizara como "los guardias de la emperatriz", si de Max sólo recibía desdenes y muestras de una perversa debilidad?

"Comme il pleure, mon pauvre Max", había exclamado, con aire impasible, en el castillo de Claremont, cuando ante las negras premoniciones que sobre su destino en México formulara su abuela, María Amalia, viuda de Luis Felipe, el rey legítimo de Francia, que vivía la amargura del destierro en la campiña inglesa, su augusto cónyuge, el futuro emperador de México, no supo hacer otra cosa que echarse a llorar como Magdalena, para asombro de su sobrinita, la princesa Blanche d'Orleans, a la que no le cabía en la cabeza que fuera el hombre, y no la bella pero dura mujer que tenía ante sí, el que se refugiara en el fácil y cobarde recurso de las lágrimas.

¿Qué hacer con un hombre así cuando se está en la flor de los veinticinco años y las oraciones a San Huberto, el patrón de los cazadores de los bosques de las Ardenas, para no caer en las tentaciones de la lujuria, resultaban inútiles ante los embates del bello coronel que en las orquídeas yucatecas había encontrado la fórmula perfecta para penetrar el insatisfecho vientre imperial? Ahora solo quedaba olvidarlo como si México y Yucatán no hubieran existido y todo se redujera a la espera interminable de su único y verdadero cónyuge: el príncipe de la Marina austriaca, el virrey del Lombardo Véneto y el emperador de los días que todavía tendría que vivir.

¡Ah! Si tan solo hubiera conservado el poder, ese poder que la alumbró hasta darle a su vida la verdadera razón de ser. El poder que todo lo justifica y todo lo explica, incluso la legitimación de un bastardo. Mas el poder se perdió entre la indecisión de Max y los eternos vaivenes del imposible equilibrio europeo, arrastrándola con su pérdida a todas las formas imaginables de la paranoia combinada con la esquizofrenia. El poder que la envolvió como una coraza medieval de la que no le fue posible desprenderse sin desgarrarse internamente. ¡Qué sabía el llorón de Maximiliano de la concepción mística del Estado aristocrático que ella bebiera de los alientos de su padre Leopoldo y de su abuelo Luis Felipe! La nobleza europea había sido puesta en la tierra merced a un designio divino que le había encomendado la redención de los pueblos desdichados. Los príncipes y las princesas nacieron para fundar o refundar imperios. La ralea republicana no podía tener más derechos sobre México que los descendientes de Carlos V de Austria y I de España, el emperador romano germánico creador del Nuevo Mundo.

Y sin embargo, el poder se había perdido en algún punto del tortuoso camino que va de Veracruz a Roma. Pero eso, María Carlota Amalia, emperatriz por derecho divino, jamás lo aceptaría, ya que aceptarlo sería tanto como ir en contra de la voluntad suprema de Dios Nuestro Señor. Para acabar con el poder místico en ella depositado por el orden superior de las cosas en el

universo, había sido necesaria una vasta conjura internacional encaminada a envenenarla, pues ella y solamente
ella veía la perfidia de las maquinaciones en marcha y
poseía el don divino para combatirlas: la absorción del
país del oro y de la plata, de la miel y de la leche, por
la potencia yanqui (patria de cuáqueros, avaros e hipócritas) con la silenciosa complicidad británica; el condo-
minio franco-prusiano en Europa, bendecido a la fuerza
por el infalible Pío Nono; el pacto de familia arteramente
diseñado por Sofía de Habsburgo para borrarlos, a ella y
a Max, de la sucesión austrohúngara para siempre; y la
sumisión definitiva de México sin el imperio bienhechor
por ella imaginado, al destino que varios años atrás le
diagnosticara Charles Boudrillon, corresponsal del *Lon-
don Times*: "La única moral de esa raza profundamente
pervertida es el robo visto como objetivo principal de
todos los partidos políticos".

Por eso las fuerzas del mal habían conspirado en
su contra: Lincoln y Seward armando a Juárez, Palmerston y la reina Victoria solapando a los yanquis en aras de
la santidad del comercio y la libertad de los mares, Bismarck presionando a Luis Napoleón para darle el pretexto que necesitaba para desdecirse de sus "solemnes
compromisos en México", a pesar del oro de Sonora y
del canal de Tehuantepec; Luis Napoleón escondiéndo-
se detrás de los faldones de Eugenia de Montijo, de su
ministro de Finanzas y de la putrefacción de su misma
próstata; Pío Nono cerrándole las puertas del Vaticano; Madame Putifar expulsándola de la dinastía de los
Habsburgo, sus hermanos conspirando para encerrarla
en una sórdida fortaleza a orillas del bosque de Soignies, privándola de ejercer sus derechos, arduamen-
te ganados, de sentirse Mamá Carlota; y los políticos
mexicanos, acordes a su corrupta naturaleza, robándose
los irremplazables rubíes de Birmania (supuestamente
destinados a protegerla de noventa y seis enfermedades
y de las asechanzas del diablo) que había olvidado en
uno de los roperos de la cámara imperial del castillo de

Chapultepec, a causa de la precipitación del viaje final a Europa.

Únicamente quedaba el espectro de la muerte, el consuelo definitivo para dejar de padecer una realidad inasible que se escapa de las manos envuelta en el lienzo resbaladizo de la mentira y el desamor. La muerte en la locura como la forma ideal de huir del odio y la traición. Buscar en la piedad del Señor la remisión de los pecados de la carne y la soberbia. Si la verdad es inaceptable, la muerte no lo es; y si la muerte no llega, la locura es la más viable de las salidas porque es capaz de crear un mundo enteramente lógico y autosuficiente en el que se alternan, con ritmo y compás, el misticismo y las fantasías eróticas, el delirio de persecución con la satisfacción de sí misma, el optimismo y el desaliento, la jovialidad con la depresión, la euforia y la melancolía.

Transformada en la loca sombra de la muerte, Carlota penetró en la augusta biblioteca de Miramar. El duque de Flandes y Sissi emperatriz la acomodaron en un amplio sofá bajo el águila bicéfala cuyas alas extendidas daban cobijo a un enorme librero de vitrinas biseladas, y con sensatas y comedidas explicaciones la hicieron sabedora de los vértices sobre los que giraría su futuro de presa de un delirio aturdido e interminable. Max había sido fusilado por los republicanos en Querétaro y su cadáver reposaba para siempre en la cripta de los Capuchinos de Viena; el hijo que había alumbrado en el Gartenhaus, fruto viciado de su inconfesable relación con el plebeyo coronel Van der Smissen, había sido entregado al cuidado de la familia del doctor Henri Laussédat, sobrino del médico de cabecera de la casa real de Sajonia-Coburgo-Gotha, para ser criado en Bruselas con todos los privilegios derivados del elevado rango de su madre, la que, sin embargo, jamás volvería a tenerlo en sus brazos por obvias razones de decoro monárquico. Y ella, la loca del castillo, seguiría siéndolo pero ahora del de Terveuren en Bélgica, bajo el cuidado de su familia de sangre, ya que los Habsburgo no estaban dispuestos a seguir tolerando su presencia en Trieste por ser el símbolo, tan viviente como perturbado, del desenfreno suicida que llevó a Maximiliano al cadalso entre sueños improbables de poder y el fango de una casi pública infidelidad. En cuanto a su imperial sustento no había problema alguno: la parte que de por vida le correspondía en los esquilmos genocidas iniciados por su padre Leopoldo en África central, sería más que suficiente.

Carlota se asomó agitada a uno de los balcones para calmar la sed que la devoraba desde su fallida estancia en Roma, con el agua de la lluvia de ese verano tardío que caía sobre el Adriático, pues seguía convencida de que el agua del cielo, acomodada en el cuenco de su mano derecha, era la única que no estaba envenenada, y volviéndose a su hermano y a su cuñada exclamó: "*¡Miserere mei, Deus!* ¡Yo también voy a morir, ten piedad de mí, Señor!". Después clamó, con la visión profética generada por la hipersensibilidad de la locura magnífica que ya no tendría fin: "Lo esperaré sesenta años. Hasta el día en el que se desplome sobre mi pecho vacío el árbol más grande del bosque de Soignies".

ADIÓS MAMÁ CARLOTA
Ciudad de México, abril de 1907

Una insana lucidez

Concluyo estas memorias, que califico de agitadas, con algunas reflexiones retrospectivas que me han llegado con el paso de los años. Escribo en mi ciudad natal en la tranquilidad política, económica y social que han traído aparejados los más de treinta años de gobierno del general Porfirio Díaz, que sí fue capaz de llevar a buen puerto la ardua tarea de reconciliación nacional, aunque ahora anden por ahí algunos autodenominados "clubes antirreeleccionistas" tratando de volver a agitar las aguas que, por primera vez en nuestra turbulenta historia, llevan tres décadas en la más completa de las mansedumbres.

Escribo a distancia de los hechos que he intentado narrar, con ánimo que debe presumirse sereno de quien por razones naturales ya se encuentra a las puertas de la muerte, al haber rebasado los setenta y cinco años de edad. Sin embargo, por alguna indefinible razón me encuentro agitado, y sin otra esperanza que la de quedar en paz conmigo mismo.

Todos los personajes de mi historia, por una u otra causa, ya han fallecido, con excepción de Carlota Amalia, lo que viene a comprobar, por si alguna falta hiciera, que la mente humana es un instrumento formidable pero esencialmente cruel. Como lo he dicho, su razón se perdió en los laberintos desgarradores y al parecer interminables

215

del delirio de persecución. Una mente imperial que supo ejercer el poder casi absoluto en toda su soberanía, no resistió la súbita pérdida de ese poder a manos de fuerzas que toda su vida consideró inferiores e ilegítimas. Algo se quebró en su cerebro que la hizo ver espías y envenenadores hasta debajo de su cama. Y si a esto le agregamos la suma de angustias y remordimientos que, al parejo de todos sus demás problemas, deben haberla acosado en cuanto se percató de la lamentable bastardía de su embarazo no deseado, creo que podemos concluir que fue así como se cerró el círculo negro de su locura incurable.

Poco ha trascendido de sus largos años de demencia. Se sabe que a fines de 1868 fue trasladada por la familia real de Bélgica, es decir, por su propia familia, del Gartenhaus de Miramar al castillo de Terveuren, situado en el camino que va a la culta ciudad de Loviana, a orillas del bosque de Soignies. Incluso se rumora que se le adormeció mediante el embrujo de un "filtro de flores" para que en el trayecto se olvidara del hijo que trajo al mundo en Miramar. También se sabe que el 3 de mayo de 1879, a consecuencia de un ataque de locura furiosa, trató de incendiar el castillo y que desde el parque que lo circunda elogió la serena y reparadora belleza de las llamas. Después de eso, la recluyeron bajo estrictas medidas de seguridad en el castillo de Bouchout, en las cercanías de la ciudad belga de Laeken. De igual manera se sabe que en Bouchout le da por romper espejos, vajillas, muebles y pinturas, pero que jamás ha destruido un objeto que perteneciera a Maximiliano.

Lo que no se sabe es lo que pueda pasar por su mente perturbada. ¿Piensa aún en el imperio perdido? ¿Todavía teme ser emponzoñada, envenenada y baleada por los agentes de Luis Napoleón, Eugenia, Bazaine y Almonte? ¿Recuerda haber tomado en Chapultepec una infusión sazonada con la carne de los dioses aztecas? ¿Piensa alguna vez en el bastardo que dio a luz en el Gartenhaus? ¿Sueña que otra vez navega en la *Novara* o que recibe a lo más selecto de su círculo imperial en la torre del caballero alto del castillo de Chapultepec? ¿Se acordará del chocolate caliente de Pío Nono o del vaso de naranjada del palacio de Saint Cloud?

Cómo saberlo. Nadie, por muy diestro que se crea, es capaz de desvelar las telarañas de la locura, más allá de lo que la demente revela en sus actos, gestos y omisiones de insana lucidez. Lo que sí me atrevo a creer, y eso por una ahora lejana experiencia personal, es que una vez instalado en el recoveco mental que le corresponda, el delirio de persecución se queda ahí, y como sucedía con las posesas del México virreinal que, a fuerza de dogmas y de transportaciones místicas, se creían transubstanciadas en el cuerpo de Cristo, dicho delirio se transforma en el autor de las más retorcidas fantasías.

CAMINO DE GANTE

A pesar del espeso velo de misterio que ha caído sobre la locura de Mamá Carlota, algo se ha filtrado acerca del destino del bastardo al que diera vida presumiblemente en febrero de 1867, cuando Max iniciaba el viaje final al cadalso en Querétaro.

No son muchos datos pero alguna luz arrojan sobre este escándalo soterrado. Al parecer, su hijo es ahora un distinguido oficial del estado mayor del Ejército francés de nombre Maxime Weygand, hijo de padres desconocidos que fue criado en Bruselas por el doctor Henri Laussédat, sobrino del médico de cabecera de la familia real belga. Hay quien afirma que se apellida Weygand porque el recién nacido fue llevado a vivir a una casa que está en el camino que va de Bruselas a Gante, y *Way Gand* precisamente quiere decir "camino de Gante".

De lo que sí no hay ninguna duda es que este hijo de padres desconocidos recibió una educación de príncipe y se graduó con toda clase de honores y facilidades en la prestigiada academia militar francesa de Saint Cyr, algo a lo que tan solo tienen acceso los hijos de la nobleza. Además, el parecido físico con su presunto padre, el teniente coronel Van der Smissen, a decir de quienes pudieron conocer a ambos, es notable. Y al llegar a este punto aparece una singular coincidencia que los juiciosos historiadores y ensayistas que he tenido oportunidad de leer no se han ocupado de explorar a fondo.

Van der Smissen se suicidó en el año de 1869, cuando su presunto hijo estaba por cumplir los dos años de edad y Carlota ya había sido trasladada de Miramar a Terveuren, lo que significa que ya se encontraba bajo el amparo de la casa real de Bélgica, a cuya guardia pertenecía el teniente coronel. Dentro de semejante contexto es válido preguntarse, ¿qué fue lo que llevó a Van der Smissen a privarse de la vida en la flor de la edad y con una promisoria carrera militar por delante? ¿La depresión causada por un amor y una paternidad imposibles de demostrar? ¿A consecuencia de una discreta pero letal persecución emprendida en su contra por la corte del rey Leopoldo II, encaminada a borrar por completo al único y verdadero testigo de la desgracia e infamia de su real e imperial hermana? Ya colocados en esta tesitura (que pudo haber sido también la de la señora Del Barrio, y hasta de su familia, si la dama de compañía, en vez de refugiarse en el más completo de los anonimatos que le brindó la alegre pero también discreta ciudad de Sevilla, hubiera cometido cualquier clase de indiscreción en París, Roma, Viena o México) me parece válido preguntarse: ¿Van der Smissen se suicidó por su propia mano o fue "suicidado" por la policía secreta de Bruselas como años más tarde lo haría la de Viena con el príncipe heredero Rodolfo y su amante María Vetsera en el coto de caza de Mayerling?

Las respuestas que se den a estas interrogantes permitirán confirmar, o no confirmar, la razón de fondo de la interminable locura de Mamá Carlota.

La muerte de los villanos

Si cuarenta años después Carlota Amalia sigue viva en el sueño y en la realidad de la sinrazón, los villanos a los que, con razón o sin ella, consideró en los momentos de su evanescente lucidez como los causantes directos de su ruina, ya están todos muertos.

Cuatro años transcurrieron desde el colapso del Imperio mexicano para que el Ejército francés que tanto se enseñoreó en México fuera arrasado, con todo y mariscal Bazaine, por los prusianos en las batallas de Metz y Sedán. Bismarck ocupó París, se dio el lujo de poner a desfilar a sus soldados a paso de ganso en los antes orgullosos Campos Elíseos, e impuso la Paz de Versalles, que significó para Francia la pérdida de las ricas provincias de Alsacia y Lorena así como el pago, en dos años, de un elevadísimo tributo de guerra por una cantidad equivalente a cincuenta millones de monedas de oro.

Consumada la debacle, Napoleón III abdicó y se refugió, después de permanecer casi siete meses como prisionero de Bismarck, en el castillo de Wilhelmshöhe en Alemania, en su residencia campestre de Chislehurt, en el condado de Kent, Inglaterra, lugar en el que falleció en medio de espantosos dolores causados por sus viejos y recurrentes males renales, entre las diez y las once de la mañana del 9 de enero de 1873. Sobrevivió menos de seis años a Maximiliano.

Peor fue el destino de Bazaine. En Metz demostró no poseer ni la décima parte del coraje y la capacidad estratégica de los ejércitos mexicanos a los que se tardó más de tres meses en rendir en Puebla con fuerzas muy superiores, pues en menos de cuarenta y cinco días de combate capituló ignominiosamente y entregó a los prusianos, entre otros tributos de guerra, más de mil quinientas piezas de artillería (que esta vez no tuvo el atrevimiento de destruir) a pesar de haber contado con una división de ciento cuarenta mil hombres bien armados y pertrechados. Fueron tales su impericia y su cobardía que una corte marcial lo declaró traidor a Francia y lo sentenció a veinte años de prisión en el penal militar de la isla Margarita, de la que huyó con la complicidad de su sufrida mujer mexicana, Pepita Peña, para ocultarse en Madrid, ciudad en la que murió en 1888, en medio de la pobreza y de la ignominia. Si Carlota hubiera tenido la lucidez necesaria para enterarse de este destino final, se habría sentido compensada de alguna forma por todas las insolencias, insidias e intrigas que ella y Maximiliano padecieron en México a causa de este pérfido mariscal de Francia.

El banquero Jecker, responsable de la inviabilidad financiera del Imperio mexicano al exigir, a través de la abyecta Convención de Miramar, el pago de sus cuantiosos créditos a una tasa de interés del novecientos por ciento, fue fusilado en 1871 en las barricadas de la feroz comuna que se apoderó de París por breve tiempo a consecuencia de la debacle de Luis Napoleón.

Juan María Mastal Ferreti, mejor conocido como Pío Nono, testigo y en cierta medida instigador de la crisis que en definitiva certificó la locura de Mamá Carlota, tomó su último chocolate en el Vaticano en el año de 1878.

Del lado mexicano, don Benito Juárez falleció el 18 de julio de 1872 de angina de pecho en una de las habitaciones del antiguo palacio imperial, acosado por los demonios de la oposición política, las sublevaciones militares y la amenaza de un golpe de Estado. Su sucesor, el jesuita renegado Sebastián Lerdo de Tejada, morirá una década más tarde en el exilio neoyorquino solo y abandonado por todos los que una vez le rindieran pleitesía. Juan Nepomuceno Almonte desapareció de la memoria humana en una oscura noche parisina de finales del siglo XIX.

Cuando en los escasos días soleados que brinda el lluvioso e inclemente clima de Bélgica la alienada de Bouchout desciende al foso que rodea al castillo para anunciar que va a embarcarse de regreso a México, todos sus villanos particulares ya no son de este mundo.

Moriae encomium

Si he escrito esta agitada y rápida memoria en lo que debo suponer que es uno de los últimos años de mi vida ha sido para tratar de poner en claro, a mí y si es posible a quienes pudieran leerla, lo que viví y sentí en torno a la locura de Mamá Carlota y a la controversial figura de su esposo, el archiduque Maximiliano de Habsburgo, fugaz emperador de México.

No me ha animado otro deseo que el de tratar de ubicar en una perspectiva imparcial a estos dos personajes que en los libros de historia, según el color de quien los escriba, son execrados por unos y elogiados sin medida por otros. Desde luego no tengo la pretensión de establecer verdades históricas, ya que dichas verdades, por muy documentadas que se encuentren y por muy sabios y prestigiados que sean los que las avalen, siempre tendrán en contra la prosaica pero inevitable mutabilidad de los hechos, que inclusive después de que acaban de ocurrir son narrados en forma distinta por cada uno de los respectivos testigos presenciales. Y si no, invito a quien esto lea a que compare las versiones de, al menos, tres periódicos diferentes sobre el último crimen que haya cautivado a la insaciable bestia de la opinión pública.

Por lo tanto, mi proposición, a la luz de las últimas publicaciones sobre este apasionante tema, más sencilla y equilibrada no puede ser.

No es válido vilipendiar a Benito Juárez y a la generación de la Reforma liberal y republicana por sus oscuros manejos con los yanquis, por su autoritarismo metaconstitucional y por su cruel y arbitrario revanchismo político, sin tener que reconocer, al mismo tiempo, la torpe y frívola ambición de Maximiliano y Carlota de, por un supuesto mandato divino, pretender regenerar a un pueblo, que ellos juzgaron en los últimos niveles de la incivilización, con la punta de las bayonetas de una potencia extranjera e imperialista; y de intentar detener el expansionismo yanqui con el yugo de un protectorado impuesto por un déspota lejano e inseguro dentro de sus propias fronteras, que buscó que el país invadido pagara el costo de la invasión, que sus banqueros cobraran al pobre país invadido intereses sobre préstamos de pretendida reconstrucción del novecientos por ciento y que hizo hasta lo imposible para quedarse con las riquezas minerales de Sonora y con los derechos de tránsito a perpetuidad por el istmo de Tehuantepec.

Cuando veo las atroces expoliaciones que el colonialismo francés ha perpetrado en extensas regiones del África y de Indochina a lo largo de las dos últimas décadas del siglo XIX, tiemblo de pensar en lo que pudo haber pasado en mi patria de haberse concretado las ambiciones de Napoleón III ("el pequeño", como lo bautizara Víctor Hugo) solapadas por un monarca de aparador y por una emperatriz que en el vientre de su extremada ambición y de su autocracia seudodivina, llevaba el semen de su inevitable locura.

Sé muy bien que no estoy diciendo nada nuevo, pero ante las recientes corrientes del pensamiento histórico que para autojustificarse ante el expansionismo yanqui nos quieren presentar a Maximiliano como un ser maravilloso, pleno de amor por México y por los mexicanos, desinteresado, liberal y demócrata, y a Carlota como la mártir de una poderosa conjura internacional, y a Luis Napoleón como un estadista católico que trató de protegernos con un benévolo protectorado ante los embates de la potencia anglosajona y protestante, me siento en la obligación de dar mi propia versión de los hechos, por escasas que sean sus posibilidades de difusión.

En esta forma concluye mi historia sobre la alienación de Mamá Carlota. Tal vez contenga muchas conjeturas y opiniones personales que no concuerden con los farragosos ensayos históricos, tan sesudos y a veces tan inexactos, pero esta es mi Carlota. Así la conocí, la amé, la detesté, la compadecí y la volví a amar. Es mi Carlota imaginaria, cuyos huesos, cuya carne y cuyo espíritu quizá merezcan, como lo pedía Erasmo de Rotterdam, el *Moriae encomium*: el elogio de la locura.

París, Viena, Bruselas, 2007
Chapultepec Polanco, México, 2008.

Post scriptum

Un dato curioso: las coplas de la célebre y celebrada canción de "Adiós Mamá Carlota" fueron escritas por un distinguido abogado y general republicano que al triunfo de su causa combatió al gobierno radical de Sebastián Lerdo de Tejada mediante uno de los periódicos de oposición más brillantes y honestos que se han publicado en México: *El Ahuizote*. Este hombre se desempeñó como ministro de Fomento en uno de los gabinetes del general Porfirio Díaz y es el autor de las mejores y más leídas novelas históricas que jamás se hayan escrito sobre el México virreinal. Murió en Madrid, en 1886, cuando fungía como embajador de México en España, tras una exitosa gestión diplomática por la que fue altamente reconocido y apreciado en los círculos académicos y culturales de esa castiza ciudad, pródiga en buenos literatos. Su nombre: Vicente Riva Palacio.

ÍNDICE